Die tun nicht nichts, die liegen da und wachsen

Elisabeth Raffauf

Die tun nicht nichts, die liegen da und wachsen

Was in der Pubertät hilft

Patmos Verlag

VERLAGSGRUPPE PATMOS

PATMOS
ESCHBACH
GRÜNEWALD
THORBECKE
SCHWABEN

Die Verlagsgruppe
mit Sinn für das Leben

Für die Verlagsgruppe Patmos ist Nachhaltigkeit ein wichtiger Maßstab ihres Handelns.
Wir achten daher auf den Einsatz umweltschonender Ressourcen und Materialien.

Bibliografische Information der Deutschen Nationalbibliothek
Die Deutsche Nationalbibliothek verzeichnet diese Publikation in der
Deutschen Nationalbibliografie; detaillierte bibliografische Daten sind im Internet
über http://dnb.d-nb.de abrufbar.

Umschlaggestaltung: Finken & Bumiller, Stuttgart
Coverabbildung: © iatlo / Shutterstock.com
Gestaltung, Satz und Repro: Schwabenverlag AG, Ostfildern
Druck: CPI books GmbH, Leck
Hergestellt in Deutschland
ISBN 978-3-8436-1019-3

Inhalt

Angst oder Rebellion
Mein Weg?
hoffnungsvoll
REBELLISCH
Harmbereitschaft
Gehirnverbindungen werden gekappt.
PUBERTÄT
nachher
Starke Eltern
Starke Kinder
...neues VERHÄLTNIS entsteht...
...enttäuscht über die Eltern...

Einleitung: Erinnern hilft verstehen

Irgendwie sind wir doch alle durchgekommen, alle Erwachsenen, also auch alle Eltern, meine ich. Aber bei unseren Kindern haben wir oft das Gefühl, dass sie es nicht schaffen. Und dass das dann auf uns zurückfällt: Dass wir als Eltern es nicht schaffen, sie gut durch die Pubertät zu begleiten.

Warum? Was war damals anders als heute? Oder: Was war genauso und nur unser Blickwinkel hat sich um 180 Grad gedreht?

Wenn ich über meine Pubertät nachdachte, habe ich manchmal Angst bekommen. Angst, dass meine Kinder mir das alles heimzahlen würden, was ich meinen Eltern damals »angetan« habe. Drogen nehmen, Abhauen von zu Hause, »falsche« Freunde, absolutes Desinteresse für die Schule. Mit einem Wort: Sorgen. Meine Kinder waren gnädiger mit mir als ich mit meinen Eltern. Danke!

Dies ist kein Ratgeber und Tipps zum Nachmachen gibt es auch nicht. Es sind Pubertätsgeschichten. Ich habe sie gehört, in Elterngruppen, bei Diskussionsrunden nach Vorträgen, in Seminaren, in Interviews mit Jugendlichen und Eltern.

Und dabei habe ich gelernt: Es gibt nicht den einen Rat. Es gibt nicht den einen Ratgeber. Ratschläge, die einem um die Ohren gehauen werden, nützen gar nichts. Im Gegenteil: Ratschläge sind auch Schläge. Das empfinden Erziehungsberechtigte ähnlich wie zu Erziehende: Wenn ich mich in den Gesprächen in der Erziehungsberatungsstelle dazu verleiten lasse, Eltern einen »Rat« zu geben, um den sie sehnlichst bitten, kann ich sicher sein, dass sie in der Woche darauf zurückkommen und sagen: »Hat bei mir nichts genützt.« Wenn sie überhaupt wiederkommen, weil diese Ratschläge der Erziehungsberaterinnen ja nichts nützen.

Anders ist es mit Geschichten. An ihnen kann man erst mal aus sicherer Entfernung gucken, wie man es macht oder wie man es überhaupt nicht macht. Es passt eben auch nicht alles für alle gleich, und: Erziehung ist nicht schwarz oder weiß. Es funktioniert nicht mit »Wenn … dann« und nicht mit gut gemeinten (Rat-) Schlägen. Geschichten zur Pubertät lassen sich leicht finden, und sie erzeugen nicht nur Angst, Abscheu oder Frohlocken, sondern fördern manchmal auch – wie nebenbei – Erkenntnisse.

Erinnerungen einerseits und Präsenz andererseits

Wenn wir uns erinnern, wie es bei uns war, hilft uns das, zu verstehen, warum die Jugendlichen so sind, wie sie sind. Wir verstehen vielleicht, warum Chillen wichtiger ist als Schule und Freunde wichtiger als Eltern.

Wir erinnern uns vielleicht auch an Dinge, die unsere Eltern nicht wissen sollten, wie wir damals in der Clique tapfer mitgequalmt haben, um dazuzugehören, wie wir die Fünf in Mathe an unseren Eltern vorbeigeschleust haben oder von dem Ausflug in die Großstadt besser nichts erzählt haben, weil wir die Erfahrung gemacht haben: »Die Wahrheit vertragen meine Eltern nicht.«

Erinnerungen helfen auch, nicht beleidigt zu sein über die Eskapaden der Jugendlichen. Uns nicht persönlich angegriffen zu fühlen, weil wir wissen, dass wir damals auch unseren Weg gesucht haben, und sich die Eltern – im guten Fall – als Baumstamm, an dem wir uns abgearbeitet haben, zur Verfügung gestellt haben, weil sie eben unsere Eltern waren. Sich nicht persönlich gekränkt zu fühlen, ist die schwerste und gleichzeitig die wichtigste Disziplin, die uns, wenn wir sie einigermaßen beherrschen, hilft, präsente Eltern zu sein und uns weder zurückzuziehen noch zu erstarren oder mit unseren Kindern in den Kampf zu gehen. Eltern, die präsent sind, greifbar mit allen ihren Ecken und Kanten, geben Halt und Orientierung, auch wenn sie sich für die Jugendlichen manchmal nach den miesesten Eltern der Welt anfühlen. Wenn wir uns an die eigene Geschichte erinnern und diese Erinnerungen reflektieren, hilft das, die eigenen unverarbeiteten Kindheitskonflikte nicht unbewusst an den Kindern zu bearbeiten. Wir können sehen, was Kinder eventuell brauchen, oder im Gegenteil feststellen: Das war meine Geschichte, das hätte ich damals gebraucht, mein Kind braucht etwas anderes, denn seine Lebensumstände heute sind anders als meine damals.

Oft stellen Leute Fragen wie: »Ja, wie sind denn die Jugendlichen?« Oder: »Was muss man denn machen, wenn das Kind sich nicht für die Schule interessiert?« Als ob es darauf die *eine* Antwort gäbe. Die Jugendlichen sind so verschieden wie die Sterne am Himmel. Und Gründe für Desinteresse an Schule gibt es viele. Es gibt immer mehrere Antworten und das macht es gleichzeitig kompliziert und interessant. Man muss sich auf das Ganze einlassen, was im aktuellen Erziehungsalltag zugegebenermaßen manchmal nicht geht, was – aber – zurückgelehnt, im Sessel, im Gespräch mit Freunden oder anderen Eltern mal probiert werden kann. Vielleicht hilft im Hinterkopf der Satz von Susan Sontag: »Es fällt den Menschen schwer, nicht in polarisierenden Kategorien zu denken.« Mit dem Zusatz: Aber wir probieren mal differenziert zu gucken – mehrere Seiten des »Problemverhaltens« unserer Kinder oder unseres eigenen Verhaltens zu beleuchten.

Manches, was hier steht, ist mit Sicherheit von der »Zeit« bearbeitet. In der Erinnerung verklärt. Nichts ist so übertragbar auf andere Familien, andere Situationen. Aber so funktioniert es eh nicht. Jeder sucht sich das raus, deutet es so um, wie es für ihn passt. So läuft es mit den Gedanken und Gefühlen der Eltern, der Jugendlichen und aller anderen Menschen auch. Viel Spaß beim Erinnern und Vergleichen, beim Nicken und Kopfschütteln!

1. »Wenn du in der Pubertät deine Eltern super findest, dann kriegste Pubertät mit dreißig.«

Anders sein: Grüne Haare, knappes Outfit und ein Kindersarg

Wozu ist die Pubertät eigentlich gut? Pickel, Stimmbruch, fettige Haare, schlechte Laune, Schweißgeruch. Braucht doch kein Mensch. Eltern nicht und Kinder auch nicht.

Wozu sollen Haare unter den Achseln und um die Geschlechtsteile gut sein, außer dass man später einen Großteil seiner Lebenszeit damit verbringt, sie abzurasieren?

Bis hierher hat alles – mehr oder weniger – gut geklappt. Zumindest ist es nicht komplett aus dem Ruder gelaufen. Kinder haben mehr oder weniger gemacht, was die Eltern sich vorgestellt haben, und Eltern hatten mehr oder weniger das Gefühl, die Kinder im Griff zu haben. Mit Ausnahme mancher Eltern, die das Gefühl hatten: Es geht eigentlich nahtlos vom Trotzalter in die Pubertät über.

Spätestens jetzt knirscht es bei vielen. Es läuft nicht mehr so. Was sich im Trotzalter schon angekündigt hatte, dass die Kinder einen eigenen Willen zeigen, bricht jetzt voll aus.

Entwicklung ist das Ziel. Entwicklung von den Eltern weg – hin zu einem eigenen Weg. Und das kann wehtun. Kindern und Eltern. Um den eigenen Weg zu finden, muss man sich erst mal von den Eltern losreißen. Und das könnte nach Meinung vieler Eltern etwas harmonischer vor sich gehen. Tut es aber nicht. Ablösung und Harmonie passen eben nicht zusammen. Um etwas Neues auf die Beine zu stellen, ist häufig ein extremer Ausschlag in eine andere Richtung nötig, der sich dann, wenn ein neuer Pflock eingeschlagen ist, wieder einpendeln kann. Später – mit zwanzig oder fünfundzwanzig. Davor gilt das, was eine Mutter von zwei jugendlichen Kindern auf den Punkt bringt: »Ich glaube, das wär echt unnormal, wenn du in der Pubertät deine Eltern super findest. Ich glaub, dann kriegste Pubertät mit dreißig oder so.«

Die Toten Hosen haben ihre Pubertät zu Geld gemacht. Konserviert und zu Geld gemacht. Ihre Markenzeichen: Abstehende, bunt gefärbte Haare, karierte Hosen, geblümte Hemden, Ringe im Ohr, Tattoos. Was als Rebellion anfing, hat sich zu Berufen entwickelt und Kultstatus erlangt. Es zeigt, welche Möglichkeiten in der Pubertät stecken. Sie ist nicht nur zum Stöhnen und Kopfschütteln. Sie ist genial. Sie kann den Stil ganzer Generationen prägen. Sie kann sogar helfen, reich und berühmt zu werden, wie im Fall der Toten Hosen. Hier hat sie länger gedauert. Länger als manchen Eltern lieb wäre. »Werden Rockstars später erwachsen?«, fragen sich die Toten Hosen selbst auf ihrer Website. Wahrscheinlich weil sie häufiger von Journalisten nach ihrem immer noch jugendlichen Image gefragt werden. Gitarrist Breiti antwortet darauf: »Was auch immer erwachsen heißt: Auf der einen Seite verliert man als junge Band jede Menge Illusionen, u. a. dadurch, dass dauernd jemand versucht, dich übers Ohr zu hauen. Auf der anderen Seite wird einem zugestanden, dass man so ist, wie man eben ist, wodurch sich die Pubertät schon mal über zehn oder zwanzig Jahre hinziehen kann.« – »Es wird einem zugestanden, dass man so ist, wie man eben ist«, das ist eine wichtige Zutat für gutes Selbstbewusstsein. Zehn bis zwanzig Jahre Pubertät? Ein Albtraum für viele Eltern. »Zwanzig Jahre schlechte Stimmung, Kinder, die sich an keine Regel halten und den Kühlschrank leerfuttern – no way.« Für die Jugendlichen wäre das ein ebensolcher Albtraum: »Zwanzig Jahre meckernde Eltern, die einen ständig an die Schule erinnern und einem das Smartphone wegnehmen.«

Abstehende, bunt gefärbte Haare und ein punkiges Outfit sind erst mal nur Äußerlichkeiten. Gleichzeitig haben sie das Potenzial für fette Konfliktstoffe zwischen Eltern und ihren jugendlichen Kindern.

Manuela, Mutter einer 16-jährigen Tochter und eines 12-jährigen Sohnes, ist 43 Jahre alt. Sie hat schwarz-gefärbte Haare, trägt große, silberne Ohr-Kreolen und einen eng anliegenden, roten Mantel. Von Beruf ist sie Friseurin. In ihrer Pubertät liebte sie Punk und Grunge: abgewetzte Kleidung, gefärbte Haare, schwarz. Was ihr als Erstes einfällt, wenn sie an ihre Pubertät denkt, ist völlig klar: »Mein erster Einfall zum Thema Pubertät? – Schlecht gefärbte Haare. Also beziehungsweise: Ich hatte natürlich super gefärbte Haare – nur meine Mutter hatte nur einen schlechten Geschmack.« Und sie schiebt ein: »Was aber heutzutage natürlich umgekehrt mein Kind genauso sagt. Sie meint, dass ich unmöglich bin und dass ich noch viel mehr Pubertät in mir habe als sie.« Dann erzählt sie weiter von ihrer Pubertät: »Es gibt ja immer so Sachen, die man ausprobieren muss, mit Freundinnen. Und da mein Berufswunsch schon sehr früh klar war, ich wollte schon immer, schon als kleines Kind, Friseurin werden – und dann muss man natürlich auch mal in die Praxis gehen … Ich war 12 oder 13 und meine Freundin war allein zu Hause, wir hatten ein ganzes Haus für uns. Wir haben erst mal eingekauft, natürlich ganz heimlich, unglaublich heimlich. Ich hab die Haarfarbe besorgt. Und ich habe Zigaretten gezogen. Leider die falschen. Vor Aufregung habe ich mich am Automaten verdrückt, sodass wir dann filterlose, scheußlich starke Roth Händle anstatt Marlboro hatten. Meine Freundin hat den Sekt gekauft. Und dann haben wir uns einen lustigen Abend gemacht. Roten Asti Spumante gesoffen, miese, filterlose Kippen geraucht, die Haare schwarz gefärbt und dazu Falko und Nena gehört. Ich wollte gern natürlich italienisch aussehen. Die Roth Händle und der Asti Spumante in Verbindung mit den Haarfärbedämpfen führte natürlich dazu, dass ich mich das erste Mal von Alkohol übergeben habe. Ich habe so gekotzt, dass ich dachte, ich hätte einen Magendurchbruch, weil dieser Asti Spumante rot war. Meine Mutter hat mich direkt zum Friseur geschleift. Dort wurden die Haare entfärbt, ich wurde rothaarig – was natürlich in den 80ern total schrecklich war – und alle sagten Pumuckel zu mir. Meine natürliche Haarfarbe ist aschbraun. Meine Mutter war eine große Befürworterin der Natürlichkeit – für sie mussten überall Haare wachsen, auf dem Kopf, unter den Armen, an den Beinen und überhaupt. Ich war da natürlich ganz anderer Meinung, dazu hatte ich auch zu viele Musikvideos gesehen, wo die Stars ebenfalls rasiert waren.. Zum Thema Alkohol hat sie nichts gesagt. Gut, wie soll sie als Kneipenwirtin auch sagen, dass es schrecklich ist, dass das Kind jetzt was getrunken hat. Abgesehen davon, hab ich ihr auch nicht alles erzählt, was ich da getrieben hab. Für sie waren die Haare der Knackpunkt.«

Anders werden, anders sein, das war das Ziel. »Meine Mutter war halt irgendwie die personifizierte Dauerwelle mit geblümter Kittelschürze. Und mein Vater war immer so ein akkurater CDU-wählender Scheitelträger. Und natürlich wollte ich anders sein.«

Keine Kneipe führen, wie ihre Mutter, nicht Lehrerin werden, wie es ihr Vater vorgesehen hat. Sondern eben Friseurin.

Schmink- und Haarfärbe-Orgien und Klamottenwahl können immer noch heiße Diskussionen auslösen. »Meine Tochter geht zur Party ihrer Freundin in so einem knappen Top, dass man alles sehen kann«, sorgt sich eine Mutter in der Elterngruppe. Oder: »Meine Tochter ist dm-süchtig. Sie hat eine ganze Kommode voll mit Lippenstiften, Pudern, Nagellack und Eyelinern.« Für einen Vater ist klar: »Mit so einem kurzem Rock, wie meine Tochter ihn sich gekauft hat, lass ich sie nicht vor die Tür.« Und ganze Lehrerkollegien fragen: »Wie sollen wir mit den Mädchen verfahren, die sich so aufreizend anziehen, dass die Jungs, die dahinter sitzen, nicht mehr arbeiten können? Schuluniform? Und die Jungs? Sie haben die Jeans so baggy sitzen, dass man immer auf die Poritze gucken muss.«

Hairstyling, Kleidung, »Kriegsbemalung«, das Aussehen der Kinder hat eine große Bedeutung. Für Eltern und Kinder allerdings eine unterschiedliche. Eltern sorgen sich, wenn die jungen Mädchen mit Röcken ausgehen, die in ihren Augen zu kurz sind, wenn das Top zu knapp ist, die Schminke zu dick. Die Sorge ist okay. Eltern sehen ihre Kinder mit dem Blick der Erwachsenen.

Es fällt schwer, die Kinder anders zu sehen. Schwarze Haare in einer Familie, die sonst blond ist, sind nicht vorgesehen. Eltern schämen sich, sie stellen sich vor, was die Nachbarn denken und wie die Eltern der Freunde es finden könnten. Und sie möchten einfach nicht, dass die Kinder so anders sind. Eltern sorgen sich: »Wenn mein Kind so aus dem Haus geht, das ist gefährlich. Meine Tochter reizt die Männer mit ihrem kurzen Minirock, und sie weiß gar nicht, was sie damit auslöst. Aber ich weiß es und deshalb muss ich es verbieten.«

Für die Jugendlichen sieht die Sache anders aus. Sich ausprobieren, sich stylen, den Körper bemalen, die Haare, die Kleidung, der Schmuck, das hilft zu gucken, wer man ist. Wie wirke ich mit schwarzen Haaren, mit gezupften Augenbrauen, mit kurzem Minirock, mit einer Ratte auf der Schulter? Wer bin ich? Wer möchte ich sein? Und: Wie kann ich mich von meinen Eltern absetzen? Wie ist es, anders zu sein? Jemand Eigenes zu werden? Die Jugendlichen haben einen anderen Blick. Sie wollen etwas herausfinden: Wie komme ich an? Sie wollen gleichzeitig dazugehören: »So sein wie die anderen.« Und auffallen und gesehen werden: »Schaut auf mich.« Sie wollen ihren eigenen Weg finden. Dazu eignen sich Versuche, das Aussehen zu verändern, in verschiedene Rollen zu schlüpfen – mal braves Mädchen, mal Vamp, mal Punk – perfekt.

Eltern verstehen diese Probebühne manchmal miss. Genau dieses Missverständnis, der unterschiedliche Blick beider Seiten, könnte das Gespräch mit den Kindern eröffnen: »Ich weiß, dass du dich ausprobieren möchtest, aber du weißt nicht, was du unter Umständen bei den Menschen, denen du begegnest, auslöst. Sie sehen in dir kein Mädchen, das sich ausprobiert, sondern vielleicht ein Mädchen, das sie anmachen will.« Das heißt: Nicht die Kinder verurteilen oder runtermachen: »Wie siehst du denn aus?«, »So gehst du mir aber nicht raus!«, »Was sollen denn die Leute denken?«, sondern ihre Perspektive verstehen und sie mit der Außenperspektive vertraut machen. »Ich weiß, dass du das nicht willst, aber andere könnten es anders auffassen. Denk noch mal drüber nach.« Anders geht es eh nicht, sonst fühlen sich die Kinder – zu Recht – beleidigt und unverstanden. Sie werden mit längerem Rock das Haus verlassen und direkt vor der Haustür das Bündchen dreimal hochkrempeln, damit der Rock wieder höher sitzt. So jedenfalls könnte es beim Verbot von Miniröcken ausgehen. Und die Haare? Da gibt es nicht wirklich einen plausiblen Grund für die Anpassung an die familiäre Norm, außer die Scham der Eltern.

»Anders sein« ist ein Grundbedürfnis aller jungen Menschen. Was sie dafür brauchen, ist einen gewissen Spielraum. Raum, sich loszureißen und – wenn es zu »krass« wird in der Welt – auch mal wieder zurückschlüpfen zu können unter die elterlichen Flügel. Die Pubertät ist die Zeit dafür. Kinder lösen sich ab. Eltern sind gefordert, und es ist gut, wenn sie sich fordern lassen:

Alain ist 46 und Vater einer 12-jährigen Tochter und eines 9-jährigen Sohnes. Aufgewachsen ist er in Südfrankreich, als einziger Sohn einer Deutschen und eines Franzosen, der in Algerien geboren wurde. Er erinnert sich: »Ich hab immer das Gegenteilige von meinem Vater gemacht. Ich kann mich erinnern, dass ich immer sehr konservative Standpunkte vertreten habe. Mein Vater war eher linksliberal und allein aus Frack, weil es mir gut passte, hab ich dann konservative Standpunkte vertreten. Anders sein. Es ging um alles und nichts. Um Belanglosigkeiten. Ich glaub, mein Ziel war nur, dass ich mich an ihm aufreiben konnte. Das war das Ziel. Er hat es zugelassen. Er hat sich auch immer auf Diskussionen eingelassen. Südländische Diskussionen. Also es war laut. Wir haben auch geschrien teilweise.«

Die Toten Hosen, wie haben die es gemacht? Gitarrist »Breiti« beantwortet auf der offiziellen Website die Frage von Janni aus Martinroda: »Was haben eure Eltern gesagt bzw. getan, als ihr zum ersten Mal mit bunten Haaren (o.ä.) vor ihnen standet?«
»Das erste Haarefärben hat seinerzeit die eine oder andere familiäre Verwicklung ausgelöst. Andi färbte sich das erste Mal mit Campino die Haare. Als Andis Vater nach Hause kam, bekam der einen mittleren Anfall und schmiss beide erst mal raus. Andis Hausverbot wurde einige Zeit später wieder aufgehoben, Campinos blieb noch jahrelang bestehen.

Als Vom mit schöner, neuer Frisur nach Hause kam, drehte seine Mutter komplett durch und hämmerte mit den Fäusten so fest vor die Wände, dass die Nachbarn herüberkamen, um zu fragen, ob alles in Ordnung sei. Dann schleifte seine Mutter ihn zum Frisör, der alles wieder in die natürliche Haarfarbe zurückverwandeln musste. Eine Woche später war Vom wieder stolzer Träger frisch gefärbter Haare. Um sich den Ärger diesmal zu ersparen, zog er direkt aus der Kleinstadt Essex nach London.

Bei mir war meine Mutter nicht begeistert, aber was sollte sie machen. Ihr habe ich mit anderen Sachen einen Schock versetzt, zum Beispiel als ich mit dem Kindersarg auf dem Autodach vorfuhr, den wir eine Zeit lang als Gitarrenkoffer benutzten.«

Pubertät ist eine produktive Zeit, auch wenn sie für viele Eltern nach Absturz aussieht. Sie ist dafür da, sich auszuprobieren – in geschütztem Rahmen. Vielleicht ist sie auch die Keimzelle für Kreativität oder der Start in die Millionärskarriere.

2. »Mama, geh sterben.«

Das Gegenteil von Respekt

Die Themen der Eltern, die in die Elterngruppen kommen, haben sich verändert. Früher waren die Hauptsorgen, dass die Kinder die Schule nicht schaffen oder dass sie in schlechte Gesellschaft abdriften könnten. Wenn Eltern heute über ihre Kinder klagen, dann betrifft ihre Hauptklage das Thema Respekt, besser gesagt: Sie klagen über den mangelnden Respekt, den sie bei ihren Kindern feststellen. »Sie können sich gar nicht vorstellen, was ich mir alles zu Hause anhören muss«, sagen sie, und vor ihrem geistigen Auge ziehen die schlimmsten und gemeinsten und verletzendsten Schimpfworte vorbei, die sich einer so ausdenken kann. »Du Spießer, du Zicke, du Arschloch«, gehören in manchen Familien noch zu den harmloseren Beschimpfungen. Kein Wunder: Eltern fühlen sich verletzt und beschämt über die Worte, die in den häuslichen vier Wänden auf sie niederprasseln. Sie sind verzweifelt und oft resigniert.

Ich habe Jugendliche gefragt, was ihnen zum Thema Respekt einfällt, und Sätze gehört, die mich erst mal verblüfft haben: »Respekt ist keine Einbahnstraße«, sagen durch die Bank die 13- bis 17-Jährigen, die ich nach ihrer Meinung und ihren Erfahrungen gefragt habe. »Respekt gegenüber Erwachsenen, Eltern, ist etwas, das schwer einzuhalten ist, vor allem, wenn es nicht auf Gegenseitigkeit beruht«, hat die 14-jährige Annika beobachtet. Der 15-jährige Philipp weiß: »Erwachsene haben oft keinen Respekt vor den Jugendlichen und denken, sie würden nur Mist bauen.« Und der 13-jährige Jonas erfährt täglich in seiner Familie, dass Respektlosigkeiten an der Tagesordnung sind: »Bei uns ist immer einer respektlos, entweder ich oder meine Eltern.« Bei genauerem Nachdenken sind diese Aussagen vielleicht gar nicht mehr so abwegig. Kinder lernen zuallererst von ihren Eltern.

Zwischen manchen Kindern und ihren Eltern entsteht ein fataler Wettbewerb um Respektlosigkeit mit dem Ziel, einen Gewinner zu ermitteln und die Antwort auf die Frage: Wer kann die unglaublichste, unwahrscheinlichste, überraschendste Wortschöpfung bilden und damit den anderen am effektivsten und nachhaltigsten verletzen? Das hat mir ein Sprachwissenschaftler mal anhand humorvoller Beispiele erklärt: Um andere am wirkungsvollsten zu beleidigen, muss man die ungewöhnlichsten Worte, die sonst nicht gemeinsam auftauchen, miteinander kombinieren: »Du Wurstkopf«, »du Flachnase«, »du Ziegenklo«. Da kann man richtig kreativ werden. Je kreativer und ungewöhnlicher, umso größer der Effekt bei dem Gegner.

 Stefanie (42) ist als Einzelkind aufgewachsen. Heute ist sie Mutter einer 14-jährigen Tochter. In ihrer Pubertät waren Provokationen zwischen ihr und ihrer Mutter an der Tagesordnung: »Ich fand das immer amüsant, wenn meine Mutter ausgerastet ist. Das hab ich natürlich provoziert. Erst mal so im Kleinen. Ich durfte mich nicht schminken und hab mich trotzdem geschminkt. Das hab ich in der Schule auf dem Schulklo gemacht und natürlich hab ich mich nicht, bevor ich nach Hause gefahren bin, wieder abgeschminkt, sondern bin geschminkt aus der Schule nach Hause. Dann gab's halt Riesenlamento und Gebrülle, und damals gab's noch diesen Begriff des ›leichten Mädchens‹, so hat meine Mutter mich dann tituliert. Das habe ich nicht verstanden, weil ich immer übergewichtig war. Ich wusste nicht, was meine Mutter damit meinte. Wieso sagt sie zu mir ›leichtes Mädchen‹, obwohl ich 20 Kilo zu viel wiege? Google gab's ja damals noch nicht und dann versucht man natürlich in der Schule, ein bisschen rumzufragen, was damit gemeint sein könnte. Bis ich dann rausgekriegt habe, was das bedeutet, und dachte: ›Mann, blöde Kuh, selber leichtes Mädchen.‹ Das war für mich dann ein Grund, mir eine andere, neue Gemeinheit für meine Mutter einfallen zu lassen. Das war gerade mit meiner Mutter in der Pubertät immer so ein Rangeln: Wer kann den anderen jetzt mehr beleidigen?«

Ziemlich oft denke ich in den Elterngruppen an einen Satz des Komikers Karl Valentin. Er hatte selbst zwei Töchter und kam beim Thema Erziehung zu der Erkenntnis: »Wir brauchen unsere Kinder nicht zu erziehen, sie machen uns sowieso alles nach.« In Pädagogensprache würde man sagen: Eltern sind Modell. Kinder lernen am Modell. Das kann einen als Kind manchmal wie ein Fluch treffen. »Mein Vater ist so insistierend. Er lässt nie mal locker oder jedenfalls selten. Er muss immer weiter nachhaken, bis er das bekommt, was er haben will. Vorher hört er nicht auf. Das hat mich als Kind zur Weißglut getrieben. Immer musste alles nach seinem Willen gehen. Und heute? Heute bin ich manchmal genauso. Es geht dann einfach mit mir durch. Ich bin wie ferngesteuert. So wollte ich nie werden. Und jetzt, jetzt bin ich auch so und meine Tochter auch schon.« Es ist wie ein Erbe, das man nicht ablehnen kann. Teil des Deals, den man eingegangen ist, als man als Kind dieser Eltern auf die Welt gekommen ist. Das Problem: Man wurde nicht gefragt.

Andererseits: Wenn das mit dem Lernen am Modell stimmt, kann man es auch erst mal als eine gute Nachricht auffassen. Und die lautet: Wir, die Erwachsenen, können etwas tun. Es ist schwierig bis unmöglich, andere Menschen zu verändern, aber unser eigenes Verhalten können wir schon steuern – in gewissem Umfang jedenfalls. Wenn wir uns dessen bewusst sind. So können wir uns beim Thema Respekt erst mal selbst beobachten und unser eigenes Verhalten auf Respektlosigkeiten hin überprüfen und gucken, was wir vorgeben. Vielleicht stoßen wir bei dieser sorgfältigen Durchforstung unserer Haltung, unserer Ausdrücke, unseres Verhaltens auf Antworten auf Fragen wie: »Machen wir unsere Kinder oder unseren Partner runter, wenn sie in unseren Augen etwas falsch gemacht haben?«

Manchmal passiert es ganz unmerklich, so nebenbei, so, dass wir es selbst gar nicht wahrnehmen und nicht merken, dass wir jemanden mit unserem Kommentar kränken. Wenn zum Beispiel ein Vater zu seinem Sohn, der ihm eine Zwei in Mathe präsentiert, für die er sich sehr angestrengt hat, sagt: »Na ja, eine Leuchte in der Schule bist du ja nicht gerade«, ist das für den Jungen ein tiefer Schlag in die Magengrube. Für ihn zählen die Worte und die Haltung seines Vaters ihm gegenüber doppelt und dreifach. Er ist die Instanz, an der sich der Sohn orientiert, die ihm zeigt, wie Mannsein geht, und darüber hinaus, wie wertvoll sein Sohn ist. Wenn er sagt: »Du bist in Ordnung«, dann ist das das Maß. Ein Liter Selbstbewusstsein getankt. Für das Gegenteil: »Du bist nicht in Ordnung«, gilt aber leider auch das Gegenteil. Selbstbewusstseinstank sofort leer. Andere abwertende Kommentare, die Kinder vielleicht von uns – ohne dass wir groß darüber nachdenken – zu hören bekommen, sind zum Beispiel: »Ist ja klar, dass du schon wieder deinen Turnbeutel vergessen hast. Du kannst dir aber auch gar nichts merken.« Oder: »Du bist so blöd, dass du wieder alles herumliegen lässt.« Manchmal schleicht sich auch ein ironischer Unterton in unsere Rede: »Ahh, unser Sohn hat wieder vergessen, wo der Mülleimer steht.« Eine andere – fast perfide – Methode ist das Heruntermachen ihrer Helden, derjenigen, die sie besonders toll finden und bewundern. »Du mit deiner blöden Hip-Hop-Musik.« Um die Ecke runtergemacht, fühlt sich auch nicht viel besser an. Es macht nur häufig erst später »klick«. Manchmal lassen wir auch komplett die Hüllen fallen und würdigen sie ganz direkt herab: »Du Zicke«, »du Doofmann«, »du Versager«.

Es passiert zum Beispiel so: Die 15-jährige Judith möchte am Wochenende auf eine Party gehen und dort übernachten. Der Gastgeber ist schon 18 und die Eltern kennen ihn nicht. »Übernachten kommt nicht infrage«, sagt der Vater.

»Wieso nicht, die anderen dürfen doch auch«, entgegnet Judith. (Subtext: »Alle anderen haben bessere Eltern als ich.«)

»Weil wir die Leute nicht kennen und außerdem sind sie viel älter als du«, erläutert daraufhin der Vater.

»Oh Mann, immer das Gleiche«, entgegnet Judith wieder.

»Ja, so ist es«, bleibt der Vater noch ruhig.

»Arschloch«, zischt es da plötzlich durch den Raum.

»Du spinnst wohl«, das war jetzt der Vater.

Und dann holt Judith aus: »Du Asi, nie darf ich was.«

Auch der Vater gerät jetzt immer mehr in Rage: »Du unverschämtes Stück, mach dass du auf dein Zimmer kommst.«

Und so weiter. Was ist passiert? Die Tochter fühlt sich hilflos, der Vater fühlt sich ebenso hilflos. Sie zischt eine Gemeinheit raus und er steigt darauf ein. Sie schaukeln sich gegenseitig hoch, keiner lässt nach, es gibt Terrain zu verlieren, das spüren beide und das wollen beide auf keinen Fall. Doch am Ende gibt es zwei Verlierer. Die Tochter zieht wütend ab, der Vater ist sauer. Der Kontakt beendet. Gewonnen ist gar nichts. Im Gegenteil.

Schläge

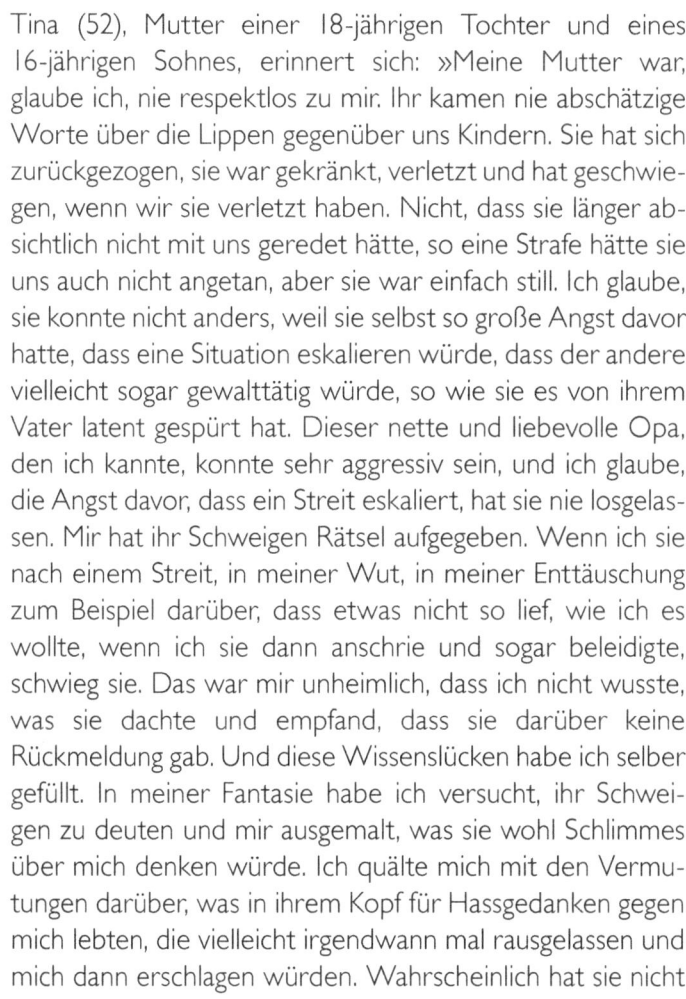

Tina (52), Mutter einer 18-jährigen Tochter und eines 16-jährigen Sohnes, erinnert sich: »Meine Mutter war, glaube ich, nie respektlos zu mir. Ihr kamen nie abschätzige Worte über die Lippen gegenüber uns Kindern. Sie hat sich zurückgezogen, sie war gekränkt, verletzt und hat geschwiegen, wenn wir sie verletzt haben. Nicht, dass sie länger absichtlich nicht mit uns geredet hätte, so eine Strafe hätte sie uns auch nicht angetan, aber sie war einfach still. Ich glaube, sie konnte nicht anders, weil sie selbst so große Angst davor hatte, dass eine Situation eskalieren würde, dass der andere vielleicht sogar gewalttätig würde, so wie sie es von ihrem Vater latent gespürt hat. Dieser nette und liebevolle Opa, den ich kannte, konnte sehr aggressiv sein, und ich glaube, die Angst davor, dass ein Streit eskaliert, hat sie nie losgelassen. Mir hat ihr Schweigen Rätsel aufgegeben. Wenn ich sie nach einem Streit, in meiner Wut, in meiner Enttäuschung zum Beispiel darüber, dass etwas nicht so lief, wie ich es wollte, wenn ich sie dann anschrie und sogar beleidigte, schwieg sie. Das war mir unheimlich, dass ich nicht wusste, was sie dachte und empfand, dass sie darüber keine Rückmeldung gab. Und diese Wissenslücken habe ich selber gefüllt. In meiner Fantasie habe ich versucht, ihr Schweigen zu deuten und mir ausgemalt, was sie wohl Schlimmes über mich denken würde. Ich quälte mich mit den Vermutungen darüber, was in ihrem Kopf für Hassgedanken gegen mich lebten, die vielleicht irgendwann mal rausgelassen und mich dann erschlagen würden. Wahrscheinlich hat sie nicht so schlimm über mich gedacht, wie ich es mir vorgestellt habe.

Ich kann mich auch nicht daran erinnern, dass mein Vater uns mit abfälligen Ausdrücken beleidigt hat, er konnte schon mal ironisch werden und auch eindeutig klarstellen, was er von meinen langhaarigen Motorradfreunden hielt. Nichts. Gar nichts. Sie waren für ihn schmierig, ungepflegt, zu alt, kriegten die Zähne nicht auseinander und wollten was von seiner Tochter. Wenn mein Vater nicht mehr weiterwusste, wenn ich ihn provoziert habe, dass er ganz oben auf der Palme saß, dann hat er mich, als ich kleiner war, richtig verhauen, Hose runter und auf den nackten Po. Er konnte auch aggressiv werden. Meine Mutter hat zwar dagegengehalten, mit verzweifelten Worten und Mahnungen, aber die waren in dem Moment schwächer und konnten sich nicht gegen seine Aggression behaupten. Das ist schätzungsweise zwei- bis dreimal vorgekommen. Jedes einzelne Mal war sehr schlimm – für alle. Auch für meine Mutter. Als ich älter war, hat er mir einmal in seiner Wut darüber, dass ich nicht mit zum Familiensonntagsspaziergang wollte, seinen dicken Schlüsselbund aus nächster Nähe ans Knie geschmissen mit den Worten: ›So, jetzt hast du einen Grund, warum du nicht mit spazieren gehen kannst.‹ Meine Antihaltung wurde durch seine Wut noch verstärkt. Jetzt erst recht. Ich hatte keine Angst vor ihm. Aber gleichzeitig fühlte ich mich hundeelend, unverstanden, ungeliebt, ungeachtet. Ich wollte weg.«

Wenn heutige Eltern erzählen, wie sie sich früher gegenüber ihren Eltern respektlos verhalten haben, dann enden die Geschichten häufig mit Tätlichkeiten. Sie erinnern sich selten an heftige Prügel, aber Ohrfeigen, Klapse auf den Po, Kopfnüsse. In der Zeit ihrer Jugend gab es in Deutschland noch kein Gesetz, das Eltern verbot, ihre Kinder zu schlagen. »Kinder haben ein Recht auf gewaltfreie Erziehung.« Das steht erst seit dem Jahr 2000 im Grundgesetz. Aber das ist immer noch nicht bei allen Eltern angekommen.

»Ich weiß noch, mein Vater hat mich einmal geschlagen und da hatte ich so ein schlechtes Gewissen«, erinnert sich eine Mutter. »Ich hatte einen tierischen Streit mit meinem Vater, ich weiß gar nicht mehr, um was es ging, und mein Vater, der war immer so auf pointiertes Reden und auf Umgangsformen bedacht, und wir haben uns gestritten, ich hab meinen Vater ›Arschloch‹ genannt, und ›Arschloch‹ war die schlimmste Beleidigung, die du ihm hättest an den Kopf werfen können. Und da hat er ausgeholt und hat mir mit der flachen Hand ins Gesicht gehauen, und ich hab mich total geschämt, dass ich das zu meinem Vater gesagt habe, und fand in dem Moment, dass ich da echt eine ordentliche Schelte von meinem Vater gekriegt habe, total angemessen, weil ich hab echt tödliche Beleidigungen ausgesprochen.«

Schlagen geht nicht mehr und seelische Verletzungen darf man auch nicht zufügen. Zumindest nicht, wenn man sich an das Gesetz hält. Zum Glück. Aber was können Eltern stattdessen tun, wenn ihre Kinder sie beleidigen und runtermachen?

»Muss ich mir denn alles gefallen lassen?«, fragen Eltern oft. »Sie glauben ja gar nicht, was mein Sohn oder meine Tochter alles zu mir sagt? Wenn alle Vorwürfe, Gemeinheiten und Schimpfworte ergebnislos ausgetauscht sind, kommt am Ende des Streits dann der finale Todesstoß: ›Geh sterben‹, fordert meine Tochter mich dann gnadenlos, in abgrundtiefer Verachtung auf.«

Nein, natürlich nein, das müssen sich Eltern auf keinen Fall gefallen lassen, das sollten sie sich auch nicht gefallen lassen, aber eben auch nicht mit gleicher Münze zurückzahlen. Denn: Einmal gesagte Respektlosigkeiten brennen sich ein. Das Problematische daran, wenn Eltern ihre Kinder herabwürdigen: Die Demütigungen graben sich in die Köpfe und in die Herzen der Kinder ein. Sie verschwinden nicht wieder. Die Kinder erinnern sich noch nach fünfzig Jahren und mehr daran. Sie verletzen tief.

Und: Man disqualifiziert sich als Eltern selbst. Wenn wir unsere Kinder herabwürdigen, lernen sie genau das: Herabwürdigen ist ein Mittel. Und: Eltern und Kinder geraten in eine Eskalationsspirale, die heißt: Feindseligkeit erzeugt Feindseligkeit. Elterliche

Drohung, Beschuldigung, Anschreien verstärkt die Erregung bei den Kindern. Natürlich ist es auch umgekehrt so, aber wir sind die Eltern, wir haben die Verantwortung, wir sollten es nicht zu der Eskalation kommen lassen.

Und das lässt sich nur verhindern, wenn wir, die Erwachsenen, uns nicht mit hineinziehen lassen in den Strudel. Ruhig bleiben, »bei sich bleiben«, wie es im Psychojargon heißt, ist die einzige Chance, dass es nicht eskaliert, dass am Ende nicht beide Seiten resigniert und frustriert in entgegengesetzten Ecken der Wohnung liegen und seelisch verwundet sind. Wenn wir als Eltern es schaffen, uns nicht in den Machtkampf zu begeben, ist die Gefahr, dass es bleibende Verletzungen gibt, deutlich geringer. Das geht zum Beispiel durch eine Art Trick, eine kleine sprachliche Nuance mit großer Wirkung. Die Nuance besteht darin, dass wir unser Gegenüber nicht als ganze Person angreifen und in Bausch und Bogen verdammen, sondern nur die Sache, die die Person gemacht hat. Es ist ein grundsätzlicher Unterschied, ob ich zu jemandem sage: »Du bist doof« oder: »Das, was du gemacht hast, gefällt mir nicht.«

Attacke

 »Ich habe meine Eltern in der Pubertät gereizt bis aufs Messer«, erinnert sich Alain, Vater von zwei Kindern. »Ich kann mich an einen Vorfall erinnern, worum es ging, weiß ich nicht mehr. Es war so mit 15, 16. Ich weiß, ich stand auf der Treppe über meinem Vater und war auf gleicher Höhe mit ihm, weil mein Vater war ja noch größer als ich. Da ist es so eskaliert, da hab ich kurzerhand überlegt, ob ich jetzt doch gewalttätig werde. Und da hat er nur gesagt: ›Mach es, aber du ziehst den Kürzeren.‹ Da hab ich es dann doch nicht gemacht. Ich hatte die Faust schon fast erhoben. Hat auch gewirkt. Danach bin ich für zwei Stunden abgehauen, bin natürlich wieder zurückgekommen. Dann hab ich wahrscheinlich angefangen, mich zu beruhigen.«

Ein anderer »Trick« ist schon nicht mehr ganz so einfach und an ihm verzweifeln viele Eltern. Er lautet: »Seien Sie nicht so persönlich gekränkt.«

»Bitte, wie soll das denn gehen? Unmöglich.«

Trotzdem, ich glaube, dieser Erziehungsgrundsatz ist so ziemlich der Wichtigste, den es gibt, auch wenn sein Gelingen an Kunst oder Hochleistungssport grenzt. Denn klar ist, dass die Kinder unsere Schwächen kennen und dass sie wissen, mit was sie uns treffen können, und dass sie ausloten, wo denn genau unsere Grenzen liegen. In der Pubertät haben Eltern und Kinder nun mal komplett entgegengesetzte »Aufgaben«. Der Job der Kinder ist es, die Grenzen zu testen. Sie müssen sich auflehnen. Sie müssen gucken, »was geht«, wie mir mal ein Jugendlicher erklärte, und die Eltern müssen das Gegenteil tun. Sie müssen immer noch zeigen, wo die ein oder andere Grenze verläuft. Sie müssen noch Orientierung geben und auch ihre Kinder beschützen. Das gibt Zündstoff und so muss es sein. Wenn jeder seinen Job richtig macht, dann knallt`s.

Genauso wenig, wie wir uns in die Eskalation hineinziehen lassen sollten, an deren Ende nur Verwundete stehen, sollten wir uns gekränkt zurückziehen oder gar aus der Beziehung zu unseren Kindern verabschieden. Nicht angreifen wie ein Tiger, nicht erstarren wie ein Igel und nicht flüchten wie eine Gazelle, so haben es die Psychologen Haim Omer und Arist von Schlippe ins Bild gebracht. Kurs halten ist angesagt, zum Beispiel mit einem Satz wie diesem: »Wir können über alles reden, aber nicht so.« Klar, das gelingt mal besser und mal schlechter. Aber es lohnt sich. Wir bleiben in Beziehung und bieten Chancen zur Versöhnung. Wir bleiben dran und auch das ist unsere Aufgabe als Erwachsene und Eltern. Im Mittelpunkt der Familie zu stehen und nicht am Rand. Manche Eltern fühlen sich, als seien sie Randfiguren in ihrem eigenen Haus, das Ruder haben die Jugendlichen in der Hand. Sie können sicher sein: Beide sind mit dieser Rollenaufteilung kreuzunglücklich und überfordert. Es ist wichtig, dass Sie klarstellen, dass Sie Orientierung geben und Halt und dass Sie sich nicht freiwillig oder unfreiwillig an den Rand drängen lassen. Sie sind da, Sie geben vor, Sie lassen sich auf Diskussionen ein, sie verbieten Dinge (auch wenn die Kinder sich nicht unbedingt daran halten) und Sie lieben Ihr Kind.

Das steht außer Frage. Es gibt manchmal Situationen, in denen wir sie am liebsten zum Mond schießen würden. Das ist okay. Aber: Lassen Sie sich nicht dazu bringen, Ihre Liebe infrage zu stellen.

Widersprüche

Widersprüche sind normal, aber verdammt schwer auszuhalten. Sie gehören zum Leben der Jugendlichen dazu wie ihr Smartphone. Sie sind angeschweißt. Ja und Nein zur gleichen Zeit. »Ich will erwachsen sein und gleichzeitig bei Papa auf dem Schoß sitzen.«

»Ich will mich streiten und gleichzeitig eine harmonische Atmosphäre zu Hause.«

»Ich will die Klasse schaffen und mich auf keinen Fall hinsetzen und lernen.«

»Ich möchte meine Ruhe und gleichzeitig sollen alle für mich da sein.«

»Ich will die Schule schwänzen und gleichzeitig sollen meine Eltern stolz auf mich sein.« »Eure Meinung interessiert mich nicht und gleichzeitig ist sie so wichtig.«

Die Reihe ließe sich endlos fortsetzen. Mit anderen Worten: »Komm her – geh weg.« Das Schwierige an Widersprüchen ist, sie auszuhalten.

Wenn Kinder ausbrechen, ausrasten, uns beleidigen und respektlos behandeln, sind wir fassungslos und kriegen Schnappatmung: »Achtung, gleich raste ich aus, jetzt reicht's«, blinkt die Amygdala in unserem Schädel. Amygdala, auf Deutsch Mandelkern, das ist der Bereich, den Hirnforscher als Keimzelle von Aggression und Wut ausgemacht haben. Grundsätzlich, jetzt, so mit Abstand darüber nachgedacht, ist klar: Wut und Hilflosigkeit sind keine gute Ausgangslage, um einen »zündelnden« Jugendlichen auf den Teppich zu holen. Eher kann man in dieser Gemütsverfassung mit Vollgas vor die Wand knallen. Also: Erst mal eine Runde um den Block laufen, vielleicht auch zwei oder drei, und wieder Klarheit im Kopf herstellen. Dann wird deutlich: Es müssen zwei Botschaften gleichzeitig rüberkommen: »So geht es nicht, das muss aufhören.« Und: »Wir lieben dich. Wir geben dich nicht auf.« Beide

Nachrichten müssen wir verschicken. So bieten wir Halt und lassen uns nicht dazu verleiten, etwas zu sagen, das uns hinterher sehr leidtut. Verzweifelte Kinder, die voller Wut und Trauer und Hilflosigkeit irgendwann sagen: »Ich hau ab, ich bring mich um«, dürfen unter keinen Umständen hören: »Ja, dann mach doch.«

Eine 13-Jährige, die sich in ihrer Verzweiflung und ihrem Gefühl, nichts wert zu sein, ritzt, erzählte mir, dass ihre Mutter ihr letztens in einem Streit die Schublade mit den Messern geöffnet hat und sie aufgefordert hat, sich in die Arme zu schneiden. Im Affekt, wenn wir gerade selbst außer uns sind und nicht mehr klar denken können, kann so etwas tatsächlich passieren. Aber es muss, sobald wir wieder aufgetaucht sind aus unserem Rausch, zurückgenommen und richtiggestellt werden. »Entschuldige bitte, nein, das möchte ich auf keinen Fall, dass du dir etwas antust. In meiner Hilflosigkeit ist es mit mir durchgegangen. Ich sehe, dass du in Not bist. Aber ich bin selber hilflos. Wir werden uns Hilfe suchen.«

3. »Gucken, was geht.«

Grenzen sind zum Überschreiten da

Pubertät und Grenzen: Das passt nicht zusammen. Und trotzdem.

Aus der Erinnerung von Eltern klingt das zum Beispiel so: »Ich hatte eine irrsinnige Ausgangssperre. Ich musste mit 16 von der Tanzschule nach der Disco um 11 Uhr zu Hause sein. Das war echt schwierig. Die ging bis 10. Da gab's Riesenärger, wenn das nicht funktioniert hat. Grad mein Vater ist völlig ausgeflippt. Der hat mich auch aus Geburtstagspartys rausgeholt, wenn ich nicht pünktlich vor der Tür stand. Einmal hatten wir irgendeine Feier von einem Freund, da war ich schon in der 11. Klasse, der hat in einer Kneipe gefeiert. Meine Eltern wussten, dass die Feier erst um 10 Uhr anfing, und trotzdem sollte ich um 11 vor der Tür stehen. Das hab ich nicht gemacht und dann stand mein Vater in der Kneipe. Das war sehr unangenehm. Der war total sauer. Der hat mich genommen, ein Blick hat genügt ... ich wusste, dass ich besser keine Szene mache, sondern schnell rausgehe, damit das auch schnell vorbei ist. Dass das nicht alle sehen, sondern nur wenige. Klar, ist total peinlich. Eltern sind superpeinlich, meine Eltern waren da keine Ausnahme ... Aber ich glaube, meine Eltern, die haben ja auch viele Sachen wirklich nicht gerafft. Ich bin immer abgehauen. Freitags, samstags und montags. Sie haben mir ja immer verboten, länger als bis 11 Uhr zu bleiben. Also hab ich so getan, als würde ich das akzeptieren, bin dann um 9 auf mein Zimmer gegangen, hab ein bisschen rumgesessen, irgendwelchen Quatsch gemacht und Musik gehört und dann hab ich mich langsam umgezogen und fertig gemacht. Wir hatten so eine Loggia, so einen eingelassenen Balkon. Ich hab gehört, wenn meine Eltern die Rollläden im Wohnzimmer runtergelassen haben. Immer haben die überall die Rollläden runtergelassen. Furchtbar. Das war für mich natürlich sehr praktisch. Dann hab ich mich fertig gemacht und bin gegangen. Über die Loggia runtergeklettert. Dann durch die Dachrinne auf eine Mauer, die das Nachbargrundstück abgrenzt. Die Nachbarn haben im Gegensatz zu meinen Eltern die Rollläden nicht runtergelassen und die haben das auch sehr wohl gesehen. Das erste Mal sind sie fast vom Sofa gefallen. Aber irgendwann haben die sich daran gewöhnt und gewinkt, wenn sie mich gesehen haben. Das war für die bestimmt auch eine schwere Situation. Ich weiß jetzt nicht, was ich machen würde, wenn ich sehen würde, dass das Nachbarskind da immer mitten in der Nacht abhaut. Sie haben mich nicht verpetzt. Ich dachte auch: Jetzt ist es schon mal passiert, jetzt lässt du es auch drauf ankommen. Ich wusste auch nicht, ob meine Eltern abends noch mal gucken, ob ich da bin. Ich hab natürlich das Bett ein bisschen präpariert, und dann bin ich auf dem gleichen Weg auch wieder zurück. Und dann: Entweder mit dem Fahrrad in die Disco, was eine ziemliche Strecke war, oder als ich dann ein Mofa hatte, mit 16 hab ich ein Mofa gekriegt, dann habe ich das Mofa um die Ecke geschoben und ab einem bestimmten Punkt bin ich dann losgefahren. Aber ich muss zugeben, dass ich da viel Quatsch gemacht hab. Zum Beispiel hab ich den Eintrittsstempel für die Disco gefälscht, weil ich kein Geld hatte. Oder ich hab mehrere Leute auf dem Mofa mitgenommen.«

(Tanja, 44 Jahre, zwei Kinder, Zwillinge, ein Junge, ein Mädchen, 14 Jahre alt)

Ausgehzeiten, ein beliebtes Feld für Eltern, Grenzen zu setzen, und für Jugendliche, Grenzen zu testen. Früher und heute.

Alain, Vater einer 12-jährigen Tochter und eines 9-jährigen Sohnes: »Ich war 15, alle Kumpels durften abends in die Strandbar und ich sollte um 10 Uhr nach Hause gehen. Damals hab ich meine Eltern für streng gehalten ... darüber hat es viel Streit gegeben. Als Junge durfte ich erst mit 16 bis nach 10 Uhr ausgehen. Da habe ich viel gemeckert, aber gerade diese Strenge beim Ausgehen finde ich im Nachhinein gut. Ich werde es mit meinen Kindern genauso machen, mit 15 kann man so viel Mist bauen.«

Aushalten ist angesagt. Eltern, die immer wieder die Erfahrung machen, dass »sowieso alles nichts nützt«, dass sie »machen können, was sie wollen, die Jugendlichen sich aber an nichts halten«, geben irgendwann auf. Verständlicherweise. Oder sie werden total sauer oder gekränkt oder beides. Alles nicht hilfreich.

Manche Eltern versuchen auch, den Konflikt mit den Kindern zu umgehen, indem sie ihr Handeln oder die Grenzen, die sie setzen, von der antizipierten Reaktion ihres Kindes abhängig machen. Sie sehen quasi voraus, wie ihr Kind reagieren könnte, und versuchen die Katastrophe zu vermeiden, indem sie ihr Verhalten nach der von ihnen angenommenen möglichen Reaktion ihres Kindes ausrichten. Eine Mutter, deren Sohn gerne einem Waffen-Club beitreten möchte, ist sehr hin- und hergerissen. Sie selbst hält davon überhaupt nichts, aber: »Ich will ihm nicht verbieten, in einen Waffen-Club zu gehen, dann macht er es gerade. Ich habe ihm versprochen, mit ihm dorthin zu fahren und mir den Club anzugucken, obwohl ich dagegen bin. Ich will ohne Verbote auskommen, um unser Verhältnis nicht zu gefährden.« Die Angst davor, eine Gegenposition zu beziehen, kann zur Folge haben, dass die Kinder die Eltern »am Nasenring durch die Manege« führen. Die Eltern zeigen keine eigene Haltung, weil sie befürchten, die Kinder gerade dorthin zu treiben, wo sie sie nicht sehen wollen. Sehr verständlich aus Elternsicht. Aber es macht unfrei. Weil wir dann Reagierende sind. Und uns gegenseitig belauern und gucken, was der andere macht. Das führt zu nichts. Das ist auch in der Partnerschaft so. Zum Beispiel wenn der Partner mich doof behandelt, und ich ihn deshalb auch schlecht behandle. Kann man machen. Ist aber immer eine Reaktion, keine Aktion. Wenn ich mich davon unabhängig mache, liefere ich mich nicht seinem Verhalten aus, sondern werde selbst zur handelnden Person. Wenn ich meinem Partner oder meinem Kind trotzdem die Hand reichen möchte, weil ich das so richtig finde, habe ich die Chance, selbst die Beziehung zu gestalten. Er ist vielleicht überrascht, dass ich nicht so reagiere, wie er oder sie es erwartet. Das kann Türen öffnen. Die Jugendlichen suchen etwas, an dem sie sich orientieren können. Das ist unsere Chance. Wenn die Meinung der Eltern anders ist, umso besser. Die sichtbare Haltung der Eltern gibt Halt. Durchhalten und trotzdem empathisch sein. Es gibt einen Unterschied zwischen: etwas verbieten und es nicht aktiv fördern. »Ich bezahle dir keine Ausrüstung für den Waffenclub und werde auch keine Fahrdienste übernehmen. Ich verbiete es nicht, aber ich unterstütze es auch nicht, weil ich dagegen bin«, wäre eine Haltung. Das geht am besten, wenn man die positive Reaktion der Kinder nicht sofort erwartet. Wichtig ist, dass rüberkommt: »Wir haben uns das gut überlegt. Wir wollen dich damit nicht ärgern. Wir haben die Verantwortung. Und: Du darfst darüber sauer sein. Das nehmen wir dir nicht übel.« Das Verhältnis zu den Kindern wird dadurch gestärkt – auch wenn es manchmal nicht so aussieht.

4. »Und Tschüss ...«

Rausgeschmissen

Jannis ist 16 Jahre, als er auf der Straße steht. Nach einem heftigen Streit mit seinem Vater, der sich wieder darüber aufgeregt hat, dass Jannis das Licht in seinem Zimmer hat brennen lassen: »Du verschwendest ständig unser Geld«, hatte der Architekt seinem Sohn an den Kopf geworfen. Als Jannis versucht, sich zu verteidigen, hat er ihn rausgeschmissen. Einfach auf die Straße gesetzt. Ohne zusätzliche Kleidung, ohne Schulranzen hat Jannis sich dann aufgemacht zu seinen Freunden. Reihum haben sie ihn zu Hause aufgenommen. Drei Wochen lang. Die Mutter von Jakob hat ihm Schulbrote geschmiert und Taschengeld gegeben, der Vater von Leo hat ihn zum Fußball gefahren, die Eltern von Luis haben mit ihm über seine Situation geredet. Seine Mutter hat ihm nach zweieinhalb Wochen zum ersten Mal eine SMS geschrieben, er möge doch wieder zurückkommen. Sein Vater hat sich nicht einmal bei ihm gemeldet. Als er nach drei Wochen wieder zu Hause vor der Tür steht, begrüßt er ihn kaum: »Ach, da bist du ja.«

Gut, dass Jannis Freunde hat. Er konnte in dieser schwierigen Zeit mit ihnen über alles reden. Und sie waren sehr berührt von der gleichgültigen Haltung vor allem seines Vaters. Wie kann er nur? Wie lieblos ist das? Wieso hat er kein Herz für seinen Sohn?

Kinder wünschen sich, auch wenn es Eltern manchmal sehr wundert, nichts sehnlicher, als dass ihre Eltern stolz auf sie sind. Eltern können sich das manchmal gar nicht vorstellen, weil sich das Kind in ihren Augen doch so aggressiv und unkooperativ benimmt. Aber so ist es. Ein 15-Jähriger, der von seiner Mutter gegen seinen Willen in die Beratungsstelle gebracht wurde, hat es mir unter Tränen gesagt, als ich ihn gefragt habe, was er sich von seinen Eltern wünscht. Die Mutter beklagte sich bitter darüber, dass er die Spülmaschine nicht selbstständig ausräumt, auch nicht nach mehreren Aufforderungen, dass er häufiger zu spät nach Hause kommt, dass er trotz Verbots an Wochenenden mit dem Zug zu seiner neuen Freundin fährt. »Ich wünsche mir, dass meine Eltern stolz auf mich sind«, sagte er leise mit einem flehentlichen Blick zu seiner Mutter. Die Mutter war sehr erstaunt über diesen Wunsch. Diese Seite ihres Sohnes hatte sie in ihrem Ärger über seinen Ungehorsam völlig ausgeblendet. Danach habe ich es immer wieder feststellen können, dass das der sehnlichste Wunsch, auch der »schlimmsten« Kinder ist.

Kinder wollen, und seien sie noch so schwierig und renitent, von ihren Eltern geliebt werden. Und diese Liebe ist der Boden für Selbstwertgefühl und eine gute Persönlichkeitsentwicklung. »Ich werde geliebt, egal was kommt.« Die Liebe steht hier nicht zur Disposition. Sie ist keine Verhandlungsmasse im Streit zwischen mir und meinen Eltern. »Gipfelstürmer brauchen ein Basislager«, nennt es der Bindungsforscher John Bowlby.

Kinder, die abhauen, wollen zurückgeholt werden

Als wir einmal in der Türkei im Urlaub waren, hörten wir eines Nachmittags am Strand einen Mann, der immer wieder eindringlich ein Wort ins Megafon rief: »Semil, Semil, Semil.« Es wurde immer lauter und manchmal sagte der Mann auch kurze, eindringliche Sätze. Er ging den ganzen langen Traumstrand auf und ab. Offenbar wurde ein Kind vermisst. Das junge türkische Paar unter dem Nachbarschirmchen klärte uns auf, dass es sich um einen Jungen von 13 Jahren handelte. Irgendwann ging dann die Suche auf dem Wasser weiter. Wir fragten uns: Wie kann hier an diesem ruhigen Strand, bei diesem ruhigen Meer ein 13-Jähriger verloren gehen? Ein Dreijähriger okay, aber ein Jugendlicher? Was konnte passiert sein? Vielleicht hatte Semil gute Gründe, einfach weg zu sein. Vielleicht hatte sich Semil einfach aus dem Staub gemacht. Die Gunst der Stunde, die Eltern lagen relaxed am Strand, genutzt, um unbeobachtet von seiner Großfamilie, der dicken Mama, der energischen Oma, dem uninteressierten Vater, eigene Wege zu gehen. Vielleicht war er auch sauer, dass er so wenig Beachtung in seiner Familie fand, weil sich alles immer nur um die kleinen Geschwister drehte. Und jetzt versteckte er sich in einem der am Strand liegenden Boote und beobachtete die Aufregung um sein Verschwinden und genoss, dass sich diesmal alles nur um ihn drehte.

Am nächsten Tag erfuhren wir, wo Semil war. Er hatte sich mal kurz im Meer abgekühlt und war dann zu dem Hotel gegangen, in dem die Familie untergebracht war, hatte sich auf eine Liege gelegt und ein Nickerchen gemacht. Einfach mal Ruhe haben.

Lotta ist fünf, als sie beschließt, ihr Elternhaus zu verlassen. Sie hatte geträumt, dass ihre Geschwister ihren Teddy gehauen hätten, und sie glaubte, dass das, was man träumt, tatsächlich passiert war. Außerdem soll Lotta einen kratzigen Pullover statt des schönen Samtkleides anziehen. Das wird ihr wirklich zu viel. Keiner beachtet und würdigt sie und ihre Sorgen. So zerschneidet sie zuerst ihren Pullover und dann macht sie sich, als ihre Mutter zum Einkaufen ist, aus dem Staub. Sie zieht zu Tante Berg in die Nachbarschaft. Von dort kann sie mitbekommen, wie die Familie um sie trauert und sie bittet, zurückzukommen. Eine Kindergeschichte von Astrid Lindgren. »Durch diese Geschichte habe ich verstanden, warum Kinder von zu Hause abhauen«, hat mir einmal Marie, meine Chefin in der Erziehungsberatungsstelle erklärt. »Kinder hauen von zu Hause ab, um zurückgeholt zu werden.« Ganz einfach, ganz einleuchtend. Lotta wird von ihrer Familie erst besucht und dann von ihrem Vater gebeten, zurückzukommen. Das tut gut. Sie brauchte explizit die Bestätigung: »Wir wollen dich. Du bist uns wichtig.«

Mein Sohn verließ uns ebenfalls, als er fünf war. Er hatte sich über uns, seine Familie, geärgert. An den Anlass kann ich mich nicht erinnern, auf jeden Fall packte er seinen kleinen Rucksack und erklärte: »Ich gehe.« Auf meine Frage, wo er denn hinwolle, sagte er: »Nach Amerika.« Offenbar wusste er auch, dass Amerika links und nicht rechts liegt, wenn man bei uns aus der Haustür herauskommt. Bis zur nächsten Straßenecke hat er es immerhin geschafft, dann haben wir ihn eingeholt und gebeten, doch wieder nach Hause zu kommen. Er schien sehr zufrieden zu sein mit dieser

Lösung, auch wenn er sich das nicht anmerken ließ. An der nächsten Straßenecke hätte es drei Möglichkeiten gegeben, den Weg nach Amerika einzuschlagen. Diese Entscheidung musste er nun nicht treffen.

Auch ältere Kinder möchten zurückgeholt werden, wenn sie sich aufmachen, in Wut und Verzweiflung, unverstanden von allen Menschen auf der Welt. »Zeig mir, dass dir etwas an mir liegt«, ist der Appell, der in der Regel hinter dem Abhauen steht. In der Regel.

 Bei Jessica hat das nicht funktioniert. Ihre Eltern haben sie nicht zurückgeholt. Das war vielleicht trotzdem eine Chance für beide Seiten: Jessica ist 45 Jahre alt und Mutter von zwei Mädchen, 14 und acht Jahre alt, und einem Jungen, zwölf Jahre alt. Sie hat ihr Elternhaus mit 17 nach einem Streit verlassen. Eineinhalb Jahre hat sie im Partykeller der Eltern ihres Freundes gewohnt: »Das ist an einem Tag eskaliert. Da war irgendetwas mit dem Schlüssel. Ich glaube, ich habe meinem Freund unseren Hausschlüssel gegeben, damit er etwas holen kann. Das wollten meine Eltern überhaupt nicht und das hat mich tödlich getroffen. Wegen des Vertrauensbruchs. Als würde ich Leuten den Schlüssel geben, denen ich nicht vertrauen würde. Hochemotional. Türen geknallt. Wir hatten immer sehr viele Emotionen da drin. Bei uns ist immer was geflogen oder es hat was geknallt. Und dann ganz schnell: Eins, zwei, drei wurden Sachen gesagt, die dann auch keiner mehr zurückgenommen hat. Ich hab gesagt: ›Dann zieh ich eben aus.‹ Und dann haben die gesagt: ›Ja, dann mach das doch.‹ Ich weiß noch, wie mein kleiner Bruder, der war elf, heulend durchs Haus gelaufen ist, der hat das überhaupt nicht ertragen. ›Oh, Gott, die Jessy‹, das war für den auch bestimmt nicht einfach. Ich hab den Schlüssel abgegeben, hab eine Tasche gepackt und bin dann weg. Ohne Geld. Aber ich hab zu der Zeit schon gearbeitet, ich habe in der Oberstufe dreimal die Woche auf ein Kind aufgepasst. Ich war jetzt nicht völlig mittellos. Die Familie meines Freundes hatte ein großes Haus und einen

Partykeller, da hat mein Freund eh schon ein Zimmer gehabt und da bin ich dann mit eingezogen. Die Mutter des Freundes wusste das. Der Vater durfte es nicht wissen. Meine Eltern wussten das auch. Also sie wussten, dass ich nicht unter der Brücke unterkomme. Das hätten sie mir auch nie zugetraut. Aber sie hatten keine Möglichkeit, mich zu kontaktieren. Man hatte ja nicht wie heute über Handy die Möglichkeit, anzurufen. Die hätten hinfahren können, weil sie wussten, wo er wohnt, und sie hätten auf mich warten können. Aber das haben sie nicht gemacht. Ich muss auch ganz ehrlich sagen, dass meine Eltern da ziemlich ›tough‹ waren. Ich weiß nicht, ob ich das so durchgehalten hätte. Ich war schon ein bisschen schockiert, dass denen das so leichtgefallen ist. Das war natürlich traurig, aber damals waren die Eltern auch nicht so ein wichtiges Thema. Ich hab ja da Abitur gemacht und auch noch meine Mappen für die Design-Hochschule vorbereitet. Wahrscheinlich war es so: Ich fand das natürlich traurig, aber meine Freiheit, die ich gewonnen hatte, und zu sehen, dass ich das irgendwie hinkriege, das hat das aufgewogen. Ich war auch sicher, dass meine Eltern mich lieben, dass es denen mit der Situation wahrscheinlich schlechter geht als mir. Irgendwann sind sie auch gekommen und ich habe auch Weihnachten und meinen Geburtstag bei ihnen gefeiert. Wie es dazu kam, weiß ich nicht mehr, aber ich war nicht alleine, sonst wär ich stocktraurig gewesen, wenn keiner an mich gedacht hätte. War ich nicht. Ich weiß auch, dass es ungefähr ein halbes Jahr gedauert hat, dass meine Eltern mir auch Geld gegeben haben. Dass sie sagten: Das geht nicht, dass du gar nichts hast. Dann hab ich 400 DM gekriegt. Sie haben mich auch bei meinem 18. Geburtstag unterstützt, obwohl ich da schon nicht mehr zu Hause war, und sie waren auch bei meinem Abi-Ball.«

Hätte sie gern etwas anders gemacht oder sich gewünscht, dass ihre Eltern etwas anders gemacht hätten? War sie traurig, dass die Eltern sich so verhalten haben? Ein bisschen. Heute aus der Mutterperspektive versteht sie das

Verhalten ihrer Eltern ein wenig besser: »Ich war ja mit Sicherheit nicht einfach zu der Zeit. Ich war sehr frech und sehr verletzend. Ich weiß jetzt nicht, was ich hätte anders machen sollen, und wahrscheinlich war das das Beste, was meine Eltern gemacht haben, obwohl ich denen das jetzt nicht mehr zutrauen würde und damals auch nie zugetraut hätte. Aber vielleicht war es Selbstschutz. Wenn du denkst: ›Poh, dieses Mädchen, das ist so verletzend und ich mach mir Sorgen und das geht mir so auf den Nerv und das ärgert mich jeden Tag so doll.‹ Ich hatte immer nur einen blöden Spruch parat – alles Mögliche, was verletzen kann: ›Ihr nervt‹, ›Ihr interessiert mich nicht‹ und so was. Die Distanz war gar nicht schlecht, und ich glaube, das haben meine Eltern auch gut erkannt. Sie wussten, ich komm nicht unter die Räder, oder sie haben gedacht: ›Wenn's zu arg wird, kommt sie wieder.‹«

Jessica war 17 und es gab das Gefühl: Für beide Seiten ist es momentan besser so und gleichzeitig: Das Band zwischen Eltern und Kind besteht weiter. Es ist nicht durchgeschnitten. Anders ist es, wenn Kinder es zu Hause wirklich sehr, sehr schlecht haben, wenn sie von ihren Eltern erniedrigt und gedemütigt werden, wenn sie Angst haben müssen vor ihren Eltern. Kinder, die den Weg aus dem Elternhaus als einzige Lösung ihrer Probleme ansehen, die nur rauswollen, raus, egal wohin, keinen anderen Ausweg mehr wissen. Sie treten, geplant oder ganz spontan, den Weg in eine ungewisse Zukunft an.

Ansonsten können wir davon ausgehen: Wir sollen sie zurückholen und ihnen versichern, wie sehr uns daran liegt, dass sie zurückkommen, wie sehr uns an ihnen liegt. Und dabei sollten wir nicht erwarten, dass sie uns beteuern, was wir für gute Eltern sind. Das wäre einfach zu viel verlangt. Wir können darauf vertrauen, dass sie registrieren, dass sie uns wichtig sind, dass es uns ganz und gar nicht egal ist, wenn es ihnen nicht gut geht, dass wir sie gerne bei uns haben. Sie atmen es ein. Auch wenn sie uns das in dem Moment nicht bestätigen können und vielleicht sogar das Gegenteil behaupten.

41

5. »Wie war es denn bei euch früher?«
Gar keine Pubertät

Meine Eltern hatten, glaube ich, gar keine Pubertät. Sie hatten dafür keinen Raum. Sie wurden streng erzogen, auch mit Schlägen. Und: Ich-Findung, Suche nach der persönlichen Identität – diese Begriffe sind auch eher nicht zu Kriegszeiten entstanden, in denen sie zumindest ihre spätere Jugend verbrachten. Meine Mutter verschwand in der Pubertät im Schatten ihres verstorbenen Bruders, den die Eltern vom Tage seiner Beerdigung an jeden Tag auf dem Friedhof besuchten. Tagsüber hatte sie sich in ein eifriges BDM-Mädel zu verwandeln. Im Bund deutscher Mädchen musste sie die vorgeschriebene Uniform anziehen: Weiße, kurzärmelige Bluse, braune Weste, schwarzer Rock, der bis zur Wade reichte, und weiße Strümpfe. Das trugen alle. Sich ausprobieren in der Mode – kein Thema. Meinen Vater begleitete eine große Sehnsucht nach seinem Vater, der Soldat war und später jahrelang in Kriegsgefangenschaft. Wenn sie sich erinnern, so haben sie Bilder von Luftschutzbunkern, Angst und wenig zu essen im Kopf. Meine Mutter erzählt, dass sie, als sie schon zu Hause ausgezogen war und angefangen hatte zu studieren, ihren Eltern einen Brief geschrieben hat, in den sie eine offene Hand gemalt hat. Die Hand stand für den Satz: »Ich habe Hunger, habt ihr etwas zu essen für mich?« Meine Eltern waren gezwungen, groß zu sein. Für Pubertät war keine Zeit.

So ist es Menschen ergangen, die im Krieg jung waren, also unseren Eltern und Großeltern, aus diesen Erfahrungen heraus haben sie ihre Kinder erzogen. Die eigene Geschichte schleppt man mit sich. Ob man will oder nicht. Als Last oder als Ansporn, als Stärkung oder als Hindernis.

Eltern in der Elterngruppe seufzen manchmal tief und sagen: Ich hatte gar keine Pubertät. »Jedes Wochenende musste ich die acht Paar Schuhe unserer Familie putzen, das Badezimmer sauber machen und die Teppichfransen kämmen. Pubertät hat es bei uns nicht gegeben.«

Und es fällt vielen schwer, etwas von dem zu verstehen, was ihre Kinder ausprobieren, das man heute Pubertieren nennt.

Ein Vater in der Gruppe für Eltern Jugendlicher erzählte unter Tränen die Geschichte seiner Jugend. Er habe Musik studieren wollen. Schon als Kind war er begeisterter Geigenspieler. Zweimal in der Woche sei er mit dem Instrument auf dem Rücken zu Fuß fünf Kilometer in die Musikschule gelaufen, um dort Unterricht zu nehmen. Sein Berufswunsch war klar. Er wollte Musiker werden. Aber für das Musikstudium hatten seine Eltern kein Geld. Mit 15 wurde er in einen Blaumann gesteckt, der ihm damals noch viel zu groß war, und musste eine Lehre machen. Das war seine Pubertät. Und seine Tochter heute, ergänzt er fassungslos. »Sie hätte alle Möglichkeiten, aber sie nutzt sie nicht. Sie sitzt nur auf dem Sofa und lässt sich von den Eltern mit Limo und Schokolade versorgen.« Er kann das nicht verstehen.

Lebenslänglich chillen

»Meine Tochter hat letzte Woche blaugemacht. Mit drei Freundinnen zusammen hat sie sich entschlossen, vier Stunden einfach mal der Schule fernzubleiben und zu gucken, wie sich das anfühlt: Alle sind in der Schule, nur ich nicht, obwohl ich es eigentlich sein müsste und meine Eltern auch fest davon ausgehen.«

»Machen« muss man eigentlich gar nichts groß. Rumhängen reicht. Besser gesagt: »Chillen«. Es geht darum, *nicht* in der Schule zu sitzen. Die Mutter ist sauer: »Ich schreibe dir keine Entschuldigung«, ist ihre klare Haltung.

»Brauchst du auch nicht«, entgegnet die Tochter. Vielleicht hat sie schon einen Ausweg im Kopf. Schließlich ist sie künstlerisch begabt und die Unterschrift ihrer Mutter wird sich ja wohl noch hinkriegen lassen. Der Vater meint: »Man muss dem Kind doch helfen.« Ist es schlimm, sind wir verärgert, fühlen wir uns angegriffen, wenn die Kinder nicht mehr »gehorchen«? Und: Wie war es bei uns früher? Wie war es bei Ihnen, als Sie jugendlich waren? Sind

Sie immer brav zur Schule gegangen? Das Gesicht der Mutter hellt sich auf, ein Lächeln huscht darüber: »Ich hatte irgendwann 100 Fehlstunden. Ich habe immer montags blaugemacht«, erzählt sie. »Ich hatte einen Freund und der ging zur Berufsschule. Montags hatte er frei.« Hä? Dieses Kind von damals, mit den 100 Fehlstunden, ist heute eine erfolgreiche Bankkauffrau. Wieso hat sie solche Zweifel daran, dass ihre Tochter mit gerade mal vier Fehlstunden ihr Leben nicht meistern wird?

Wahrscheinlich, weil sie den Kitzel kennt, weil sie sich gut erinnern kann, dass sie damals nicht im Traum daran gedacht hat, etwas zu werden. Damals ging es um die Gegenwart, um das Hier und Jetzt. Darum geht es den Jugendlichen heute auch, aber nicht selten vermiesen wir ihnen diese Unbeschwertheit, aus lauter Sorge, dass sie ihren Weg nicht machen, keine erfolgreiche Karriere hinlegen, lebenslänglich chillen. Aber: Seien Sie unbesorgt. Die wenigsten, die Allerwenigsten chillen lebenslänglich.

Eine andere Mutter ist verzweifelt, weil die 13-jährige Tochter sich mit einem Jungen treffen möchte. Er ist 14. Sie sei noch zu jung, sich mit einem ein Jahr älteren Jungen zu treffen, findet die Mutter. Wenn sie auch schon 14 wäre, okay, aber mit 13? Der Vater ist komplett anderer Auffassung. Eine normale, gleichaltrige Freundschaft, wie schön, findet er. Endlich etwas Normales, Altersangemessenes. Bisher hatte die Tochter sich im Internet mit Älteren abgegeben, aufreizende Fotos von sich verschickt und war älteren Jungs auf dem Schulhof hinterhergelaufen. Auch ihr Gesicht hellt sich auf, bei der Frage, wie es ihr ging, als sie 13 war. »Ich war verliebt«, erzählt sie verklärt. Und Ihre Eltern: »Die haben es verboten.« Indem sie sich daran erinnert, verfinstert sich ihre Miene wieder. Eigentlich hatte sie sich vorgenommen, dass sie es mit der Tochter anders handhaben wollte als ihre Eltern mit ihr, aber jetzt sei sie genau wie ihre Eltern damals.

Es gibt kein grundsätzliches Richtig oder Falsch. Die Gruppe empfiehlt, den Jungen zum Essen einzuladen und dazu ringt sich die Mutter tatsächlich durch. Aber die Tochter winkt ab: »Nee, so eng ist das jetzt doch nicht.«

Erinnerung hilft, weicher zu werden, zu verstehen: »So kann es einem gehen, wenn man jung ist, so ist es mir auch gegangen.«

Verstehen heißt nicht, dass man immer alles gut finden und unkommentiert durchgehen lassen muss. Aber eine mildere Haltung zu haben. »Vertrauen« in die Jugendlichen, dass auch sie nicht gleich abstürzen. Ausprobieren, über Grenzen gehen und dabei auch ins Straucheln geraten, das braucht man als Eltern nicht als persönlichen Angriff zu sehen, man kann es verstehen, auch wenn man es nicht unbedingt duldet. So können wir gelassen eine Haltung einnehmen, die den Jugendlichen Halt gibt und müssen uns nicht in einen »Geschwisterstreit« mit den Jugendlichen begeben, in dem es darum geht, wer jetzt diesen Kampf gewinnt.

»Wenn ich an meine eigene Pubertät denke«, erinnert sich Theresa, Mutter einer 15-jährigen Tochter, »und dann meine Tochter sehe, dann mache ich drei Kreuze. Ich finde sie ja schon teilweise echt schlimm, aber die ist Lichtjahre von mir entfernt und das finde ich eigentlich auch gut. Also was ich meiner Mutter für schlaflose Nächte bereitet habe … Ich glaube, wenn ich so eine Nacht erleben müsste, ich würde mich am nächsten Tag an den Strick hängen. Also zum Beispiel: Ich sag meinen Eltern, dass ich mich mit einer Freundin treffe und um acht am Abend wieder zu Hause bin. Nach Hause gekommen bin ich aber erst am nächsten Abend um 8. Und erzähle dann so eine Scheiße, wie wir sie alle erzählt haben: ›Ich hatte kein Kleingeld zum Telefonieren‹, ›alle Telefonzellen waren kaputt‹, ›tut mir leid, ich hab einfach nicht dran gedacht.‹ Und dann bin ich noch so unverschämt, sie zu fragen, was sie überhaupt will, und nenne sie blöde Idiotin. Ich glaube, ich hätte mich an ihrer Stelle in den Keller gesperrt und erst wieder mit 25 rausgelassen.«

6. »Was kann ich dafür, dass ihr die Wahrheit nicht vertragt?«

Lügen, Kontrolle und Vertrauen

Lügen, Kontrolle und Vertrauen. Diese Begriffe gehören irgendwie zusammen. Wenn man lügt, vertraut einem keiner mehr und man wird fortan kontrolliert. Wenn man vertraut, hat man weniger Kontrolle darüber, ob man belogen wird, und gleichzeitig die Riesenchance, Vertrauen und Offenheit zu gewinnen.

Lügen ist nicht gleich lügen. Und: Manche Eltern vertragen die Wahrheit nicht. Also: Es gibt Notlügen. Was das genau ist, ist allerdings manchmal nicht so eindeutig.

Die Teilnehmer in den Gruppen für Eltern Jugendlicher klagen häufig: »Mein Kind lügt. Ich möchte ja vertrauen, aber …« Eine Mutter erzählt von ihrem Sohn, der unbedingt auf ein Musikfestival gehen wollte. Die Eltern haben es verboten. Aber: Er durfte bei einem Freund übernachten. Am nächsten Morgen um 5 Uhr schaut die Mutter »zufällig« aus dem Fenster und sieht, wie ihr Sohn mit dem Freund über die Straße geht. Offensichtlich kommen sie gerade erst nach Hause. Sie stellt ihn zur Rede. Er gesteht – was bleibt ihm auch sonst anderes übrig. Sie ist gekränkt und verhängt Ausgangssperre. Verständlich: Vertrauen missbraucht. Das muss Konsequenzen haben. Hausarrest. Zeitlich überschaubar. Nicht lebenslänglich. Spätestens nach 4 Wochen: Neustart. Eine neue Chance. Ein neuer Vertrauensvorschuss.

Eine andere Geschichte. Moritz, Vater von zwei Kindern erzählt:»Vertrauen war bei uns immer da. Es war für mich selbstverständlich, dass meine Eltern hinter mir stehen. Also ich würd mal sagen: Das Vertrauen war so tief, dass ich mir keine Gedanken über Vertrauen gemacht habe. Andersrum haben die mir auch sehr viel vertraut. Ich würd nicht sagen, dass ich es missbraucht habe, aber ich hab schon alles ausprobiert, was so ging im Rahmen des Vertrauens. Einmal bin ich tatsächlich aufgewacht in meinem Zimmer – das war schon später, da war ich schon 18, weil ich ein Auto hatte – und ich wusste nicht mehr, wie ich nach Hause gekommen bin, und hab gesehen, dass ich mit dem Auto nach Hause gefahren war. Ich hatte meinem Vater versprochen, dass ich so was nie machen würde. Hab ich danach auch nie wieder gemacht. Früher gab es Kleinigkeiten, nichts, was ich jetzt für maßgeblich oder für wichtig erachten würde. Das ein oder andere Mal später nach Hause kommen oder doch nicht beim Freund übernachten, sondern bei einer Freundin – das, glaube ich, würden die auch nicht als Fehler oder Vertrauensbruch einschätzen.«

Wenn Eltern es als »Kleinigkeit« behandeln, wenn ihr Sohn anstatt bei einem Freund bei einer Freundin schläft, dann kann das weise sein. Sie können sich vorstellen, dass ihr Sohn sich vielleicht geschämt hat, zu erzählen, dass er bei einem Mädchen übernachtet. Das Abenteuer ist für ihn selbst schon groß genug und stürzt ihn selbst schon in große Unsicherheiten, da kann er nicht noch Kommentare seiner Eltern gebrauchen. Die Eltern, denen das klar ist, behandeln es als Kleinigkeit, schon damit ihr Sohn nicht das Gesicht verliert. Gut so.

»Als ich 14 war, war mein größter Traum: einmal in den Rose Club. Ein Ausgehtipp, der in der Schule gehandelt wurde. Der war damals noch relativ frisch in Köln. Das war echt so ein Riesenziel, auf das ich hingearbeitet habe, da einmal hinzukommen und die ganzen anderen Grufties und Punks dann mal live und in Farbe sehen. Und ach, was wir alles dafür getan haben, um einen Abend da in diesem Laden verbringen zu können. Damals kam man ja nicht so einfach als 14-jährige Göre nach Berlin, um da die Originalschauplätze aufzusuchen, man musste halt gucken, was in der Nähe ist. Wie gesagt, ›Rose Club‹ war dann mein Traum. Ich hab darauf hingearbeitet, wochenlang. Ich hab im Schulsekretariat einen blanko Schülerausweis geklaut und gefälscht, mit einem anderen Geburtsdatum versehen und mit einem anderen Namen. Wir waren alle ganz aufgeregt und dann haben wir uns neue Biografien ausgedacht. Wenn der Türsteher dann fragt, wie alt wir denn sind, dann müssen wir unser Geburtsdatum auswendig kennen und all so was. Und dann haben wir in stundenlanger Kleinarbeit den Schulstempel gefälscht und auf das Bild gestempelt. Das waren echt sehr große Vorbereitungen. Dann waren wir das erste Mal in dem Laden, mit 14, und der war so fuzzelig klein, der Rose Club, und dann dachte ich: ›Oh, na, super. Wenn das die große Welt ist.‹« (Manuela, 43, eine 16-jährige Tochter, ein 12-jähriger Sohn)

Wenig Zeit und viel Vertrauen

Meine Eltern waren beide voll berufstätig. Der Arbeitsalltag meines Vaters umfasste mindestens zwölf Stunden. Der meiner Mutter acht bis neun. Mit anderen Worten: Sie hatten sehr wenig Zeit für uns. Das war manchmal gut und manchmal blöd. Blöd war, wenn wir sie brauchten, wenn wir mit ihnen sprechen wollten, wenn wir etwas auf der Seele hatten, sie aber nicht da waren, und mein Vater, wenn er nach Hause kam und wir auf ihn zustürzten, weil wir uns freuten, ihn endlich für uns zu haben, sagte: »Erst mal aufs Klo und Finger waschen.« Wie unnötig, dachte ich, jetzt haben wir schon so lange gewartet und dann ist er immer noch nicht für uns da. Auch das Essen fand nicht mit ihm zusammen statt. Wir aßen nach der Schule mit meiner Oma zu Mittag. Meine Oma wohnte bei uns, seit sie nicht mehr so gut gehen konnte, und sie war immer für uns da. Wenn wir nach Hause kamen, pfefferten wir den Ranzen in die Ecke und stürmten in ihr Zimmer. Gut, dass wir sie hatten. Meine Eltern aßen später zusammen. Mein Vater stürzte um kurz vor halb drei ins Haus, um dann um kurz nach halb vier wieder zur Arbeit zu fahren und abends nach acht erst wieder aufzukreuzen, wenn wir bereits gegessen hatten. Danach saßen meine Eltern abends noch zusammen und unterhielten sich. Wir mussten ins Bett. Wenn wir mal dabei sitzen durften, was gefühlt einmal im

Jahr vorkam, war das etwas Besonderes. Ansonsten wurden wir ins Bett geschickt und dort lagen wir dann und dachten uns aus, was wir anstellen müssten, um noch ein bisschen ihre Aufmerksamkeit genießen zu können.

Das Gute an der wenigen Zeit, die meine Eltern für uns hatten, war, dass wir viel ausprobieren konnten und nur selten überwacht wurden. Es gab wenig Kontrolle und viel Vertrauen. Das haben wir gespürt. Auch wenn das Laufenlassen und das Vertrauen sich manchmal mit Zeitmangel oder Unwissenheit meiner Eltern paarte: Das Grundgefühl, das ich hatte: Sie vertrauen mir.«

Das Gegenteil von Vertrauen ist Kontrolle. Je weniger wir vertrauen, desto mehr versuchen wir zu kontrollieren. Ganz einfach. Was das Thema »Kontrolle« angeht, bin ich froh, dass es damals, zu meiner Zeit, noch kein Handy gab. Kein Handy als Instrument für Eltern, die mit häufigen Anrufen oder »Fragenachrichten« ihr schlechtes Gewissen darüber beruhigen wollen, dass sie sich nicht so viel um ihre Kinder kümmern. Kein Handy für Eltern, die dieses kleine elektronische Gerät als Kontrollinstrument in der Tasche ihrer Kinder deponieren. Ich weiß auch nicht, ob meine Eltern dieses Instrument eingesetzt hätten. Sie hatten nicht das Gefühl, dass sie zu wenig Zeit mit uns verbringen und da etwas kompensieren müssen, wie es vielleicht heute manche Eltern haben. Es waren andere Zeiten. Erziehung lief mehr so mit, als dass sie ein eigenes Thema war. Auf jeden Fall gruselt es mich, wenn Eltern fordern, dass Kinder unbedingt ihr Handy anhaben müssen, sobald sie alleine einen Schritt vor die Tür setzen, wenn sie den Kindern eine unsichtbare Leine anlegen und ständig anrufen oder Nachrichten schreiben. Sie sozusagen psychisch gefangen halten. Eltern in der Beratung entrüsten sich manchmal darüber, dass ihr Kind auf einer Party einfach das Handy ausgeschaltet hat oder den Akku hat leergehen lassen. Meine Kinder erzählten mal voller Mitleid von einem Mitschüler, der in jeder Pause auf dem Schulhof von seiner Mutter angerufen wurde. Der Arme! Das ist eine Last für Kinder und hat nichts mit Fürsorge der Eltern zu tun, sondern eher umgekehrt: Die Kinder müssen herhalten, damit Eltern ihr schlechtes Gewissen beruhigen können.

Falls Sie von Ihren Kindern fordern wollen, dass sie immer das

Handy anhaben sollen, damit Sie sie erreichen können, vergessen Sie diesen Gedanken sofort wieder. Schalten Sie Ihren Verstand ein und lassen Sie die Kinder das Handy ausschalten. (Jetzt ist mir nicht nur ein Ratschlag durchgerutscht, sondern sogar eine Anweisung …)

Lügen und Klauen. Horrorvorstellungen für Eltern. Andererseits: Fast alle Menschen haben in ihrer Jugend schon mal etwas mitgehen lassen. Kugelschreiber, Süßigkeiten, Schraubenzieher, Nagellack. Als Mutprobe. Weil es alle machten. Oder weil das Taschengeld einfach nicht reichte. Ein- oder zweimal zum Ausprobieren ist »normal«. Regelmäßiges Klauen ist etwas anderes. Beides ist verboten. Das müssen wir unseren Kindern klarmachen. Sie müssen in jedem Fall dafür gerade stehen. Trotzdem: Es gibt Unterschiede. Wenn Kinder klauen, vielleicht sogar ihre Familie beklauen, löst das ein beklemmendes Gefühl in der Familie aus. Der Vertrauensbonus ist dahin. Klauen muss in jedem Fall gestoppt werden. Gleichzeitig ist es wichtig zu wissen: Kinder, die ständig klauen, leben in dem Gefühl, zu wenig zu bekommen. Sie brauchen etwas: Aufmerksamkeit? Mehr Taschengeld? Mehr Zeit der Eltern? Wichtig ist, das herauszufinden.

Vertrauen ist gut, Kontrolle nur halb so gut

Was ist Vertrauen? Wie dehnbar ist der Begriff? Wo ist die Grenze? Das ist unterschiedlich. Manche Eltern sehen das sehr eng, fühlen sich tödlich getroffen, wenn die Kinder nicht die Wahrheit sagen, andere legen es anders aus: »Gewisse Freiräume brauchen Kinder.« Es geht Eltern nicht alles an, was Kinder machen. Worauf vertrauen wir? Nicht darauf, dass sie immer die Wahrheit sagen. Das macht niemand. Auch wir, die Eltern, lügen jeden Tag. Kleine und große Lügen sind an der Tagesordnung, ohne, dass wir es merken. Und: Da gibt es einfach Themen, die Eltern nichts angehen, Liebe zum Beispiel. Neugierige Eltern müssen belogen werden. Aus Selbstschutz. Man ist ja selbst noch unsicher mit der ersten Liebe, da kann man nicht noch Kommentare von den Eltern gebrauchen, nur der Wahrheit zuliebe. Da muss man Prioritäten setzen.

»Ich bin sehr vertrauensselig«, erzählt die 43-jährige Si-
mone. »Wenn meine Tochter mir sagt, sie trifft sich mit
Freunden im Rheinpark und sie wollen ein bisschen Musik
hören und es sich ein bisschen nett in der Sonne machen,
dann sag ich: ›Och ja, schön. Hier hast du 10 Euro, holt euch
eine Cola und macht es euch nett.‹ Dann erfahr ich im
Nachhinein, dass die nicht im Rheinpark waren, sondern an
diesem Rheinboulevard, wo ja permanent die Polizei gas-
tiert und junge Leute mitnimmt, die irgendwie ungehobel-
tes Zeug tun, Anpöbeln von Passanten, Drogenkonsum,
Messerstecherei, dann denke ich: ›Mann, du solltest die Sachen mal ein bisschen besser hinterfragen.‹ Aber klar erzählt mir meine Tochter da nicht die Wahrheit, denn dann
würde ich natürlich Bedenken anmelden. Deshalb erzählt
sie mir dann lieber, sie sei an ganz friedlichen netten Orten,
im Jugendpark, ganz putzig. Da sollte ich mal besser aufpas-
sen. Andererseits: Lügen ist ja nicht immer böse gemeint,
sondern bei Pubertierenden einfach so eine Art Realitäts-
verschiebung.«

Wie Eltern reagieren sollten, wenn sie Lügen »enttarnen«, dafür
gibt es keine einfache Regel. Es kommt drauf an. Darauf, was vorher war: Ist Lügen an der Tagesordnung oder eher die Ausnahme.
Darauf, ob ich es insgeheim verstehen kann, dass ich nicht eingeweiht wurde. Darauf, wie sonst das Vertrauensverhältnis ist.

7. »Es gibt echt Wichtigeres.«

Schuldruck

»Mein Kind ist nicht dumm, sondern einfach faul«, dieser Überzeugung sind manche Eltern von Jugendlichen. Ihre Gefühle bewegen sich zwischen Wut auf die Kinder, dass sie ihr wertvolles Potenzial, das sie doch von den Eltern mitbekommen haben, nicht nutzen, und der Frage, ob sie, die Eltern, sich als Motivationstrainer eignen, die die Kinder in der Schule nach vorne bringen können. In die Beratung kommen sie mit der Frage: »Wie motiviere ich mein Kind?«

Diese Frage ist oft keine offene Frage. Eltern haben schon Antworten darauf. Belohnung oder Bestrafung zum Beispiel. So simpel – und manchmal so verständlich aus Sicht geplagter Eltern – und so an den Kindern vorbei. Manche Eltern haben diese beiden Möglichkeiten schon getestet. Nur irgendwie hakt`s. »Wenn du die Versetzung nicht schaffst, kommst du nicht mit in den Urlaub, du musst ja lernen.« Oder: »Wenn du sie schaffst, bekommst du ein Handy.« Klingt erst mal sehr schlüssig, funktioniert aber nur bedingt. Wenn überhaupt, dann kurzfristig. Belohnungen haben den Haken, dass sie immer weiter erhöht werden müssen. Wenn es jetzt ein Handy gibt, was soll dann beim nächsten Mal diesen Reiz noch toppen? Eine Playstation, ein Pferd?

Strafen machen lediglich Machtverhältnisse deutlich. »Ich bin der Chef, du hast zu tun, was ich sage.« Sie zeigen, wer der Stärkere ist, mit Einsicht hat das Ganze nichts zu tun, die Kinder lernen null, außer, dass die Eltern am längeren Hebel sitzen, weil sie mehr Geld, mehr Lebenserfahrung und eben die »Erziehungsgewalt« haben. Wenn Kinder die Erfahrung »der andere ist stärker, ich kann machen, was ich will, da komm ich nicht gegen an«, oft machen, führt das lediglich dazu, dass sie resignieren, weil sie das Gefühl haben: »Ich kann nichts bewirken, egal, was ich tue.« Langfristig ist sowohl Lob als auch Strafe als Motivationsmittel vollkommen ungeeignet, abgesehen davon, dass ein Kind, dass die Versetzung nicht schafft, dringend Urlaub braucht.

Bevor Eltern sich mit dem Thema: »Schulschwierigkeiten ihres Kindes« an eine Beratungsstelle wenden, hat es oft schon einige Kämpfe zu Hause gegeben. Kinder, die nicht so lernen, wie sie sollen, Eltern, die ermahnen, fragen, drohen, unterstützen.

Schuldruck kann Kindheiten zerstören und Familienatmosphären vergiften. Er kann dafür sorgen, dass zwischen Eltern und Kindern Dauerkrieg herrscht. Das erlebe ich oft, wenn Eltern in den Gruppen für Eltern Jugendlicher beklagen, dass ihre Kinder nichts machen, dass sie viel zu wenig lernen, wenn überhaupt, dass ihre Noten nicht zur Zufriedenheit der Eltern ausfallen, dass ihre Versetzung gefährdet ist, dass sie vielleicht sogar von der Schule fliegen oder dass sie schon gar nicht mehr hingehen. Meine Aufgabe als Psychologin ist es nicht, dafür zu sorgen, dass die Kinder lernen oder dass es in der Schule funktioniert. Das kann ich auch gar nicht. Aber ein Gespräch über das Kind, die Umstände, in denen es lebt, zu Hause und in der Schule, können manchmal Aufschluss geben. »Pubertät« kann auch ein Grund für Schulschwierigkeiten sein. Es gibt in dieser Zeit einfach wichtigeres im Leben. Fragen wie: »Gehöre ich dazu? Bin ich schön genug? Kann ich bestehen in den Augen der anderen?«, können den kompletten Speicherplatz im Gehirn belegen.

Darüber hinaus haben Kinder in der Regel gute Gründe für ihre Schulunlust und die gilt es zu erfahren. Manchmal hat es mit der Schule direkt zu tun. Mit doofen Lehrern, die sie herabwürdigen, mit doofen Mitschülern, die sie mobben. Manchmal hat es auch gar nichts mit der Schule zu tun, sondern mit anderen Sorgen, die die Kinder haben, nicht selten zu Hause. Eltern, die sich streiten oder drohen, sich zu trennen, können Kindern zum Beispiel das Gefühl geben: Wenn ich zu Hause bleibe, dann passiert so etwas nicht, dann kann ich das Schlimmste verhindern. Unglückliche Eltern, die traurig sind über ihr Leben, ihre Beziehung, über Misserfolge, über Krankheiten können oft auch, ganz ohne Worte, den Kindern das Gefühl vermitteln: »Du musst zu Hause bleiben, dort wirst du gebraucht, als Seelentröster, als Vermittler, als Pufferzone. Pass auf mich auf. Geh nicht weg.«

Manche Kinder sehen auch einfach keinen Sinn in der Schule. Sie sind nicht motiviert, weil es niemanden gibt, der ihnen schlüssig vormacht, dass Schule sich lohnt. Oder sie haben wirklich Wichtigeres zu tun: Erwachsen werden, in der Clique dabei sein, zusehen, wie der Körper sich entwickelt, daliegen und wachsen.

In der Schule werden Kinder benotet und bewertet. Jeden Tag, von Lehrern und von Mitschülern. Und ich kenne kein Kind, dem Noten wirklich egal sind. Das heißt: Wenn ein Kind eine schlechte Note schreibt, unter schlecht verstehe ich eine Fünf oder eine Sechs, also Noten, die versetzungsrelevant sind (nicht eine Drei, weil es nach dem Willen der Eltern nur Einsen und Zweien schreiben soll), wenn ein Kind also eine Fünf oder eine Sechs schreibt, wird es nicht froh darüber sein. Je nachdem, wie es sich fühlt, welche Reaktion es von den Eltern erwartet, wird es mit gesenktem Kopf nach Hause kommen und sein »Versagen« beichten oder es beschließt, dass Eltern auch nicht alles wissen müssen und entsorgt den verhauenen Vokabeltest im nächsten Mülleimer. Das heißt: Not besteht schon genug. Wir müssen dann als Eltern nicht noch einen draufsetzen und nicht unsererseits noch weitere pädagogische Maßnahmen ergreifen. Strafen machen lediglich klar, wer die Macht hat – motivieren tun sie nicht. Wenn Kinder geknickt nach Hause kommen, brauchen sie etwas anderes als noch mehr schlechte Stimmung und das Gefühl, nichts wert zu sein oder den Eltern nicht zu gefallen.

Jens ist 48 Jahre alt und hat drei Kinder. Von Beruf ist er Journalist. Seine Eltern waren mit Hauptschulabschluss beruflich sehr erfolgreich. Die Schulbildung des Sohnes war kein großes Thema. Das hat ihm Freiraum verschafft und häusliche Schuldiskussionen erspart: »Ich bin der erste Akademiker in unserer ganzen Familie. Ich bin der Erste, der Abitur gemacht hat, der Erste, der studiert hat. Das spielte bei uns alles keine Rolle. Als ich elf war und in die fünfte Klasse sollte, und ich hatte sehr gute Noten in der Grundschule, sagte mein Vater: ›Der geht auf die Hauptschule.‹ Das war für den völlig klar. ›Der Junge geht auf die Hauptschule. Der geht nicht aufs Gymnasium.‹ Ich bin dann doch

aufs Gymnasium gegangen. Zu Hause wurde damals über Schule einfach nicht geredet. Meine Eltern waren selbst keine Akademiker und fanden das schon total toll, dass ich es aufs Gymnasium geschafft hatte. Letztens hab ich mal ein Zeugnis angeguckt, das ich mit 15 bekommen hab. Das hab ich mit meiner Tochter angeschaut, weil sie irgendwie, wie die Kinder heute manchmal sind, verzweifelt war, weil sie eine doofe Drei hatte. Ich hab gesagt: ›Hör mal, jetzt zeig ich dir mein Zeugnis.‹ Und das Zeugnis bestand nur aus Vieren. Und dann konnte ich mich noch an den Tag erinnern, als ich mit dem Zeugnis nach Hause kam. Meine Mutter sah das und sagte: ›Ach so, du hast ja lauter Vieren. Ja gut.‹ Unterschrieb das und das war alles. Sie unterschrieb das und dann fuhren wir in den Urlaub. Es wurde kein einziges Wort darüber verloren, und ich bin auch relativ sicher, dass ihr das keine extrem großen Sorgen gemacht hat.«
Später hat Jens studiert und seinen Doktor gemacht.

Ich bin meinen Eltern heute noch zutiefst dankbar, wie sie damals mit diesem Thema umgegangen sind. Bei uns gab es eine Regel und die hat meine Mutter aufgestellt:»Wer eine Fünf schreibt, kriegt ein Eis. Wer eine Sechs schreibt, mit dem gehe ich in die Stadt ins Stadt-Café und dort gibt es Kaffee und Kuchen.« Wow. Wir haben selten von dieser Regel Gebrauch gemacht, aber einmal habe ich es richtig provoziert. Ich wollte, glaube ich, mal in diesen exklusiven Genuss kommen, mit meiner Mutter, die wenig Zeit hatte, alleine in die Stadt zu gehen und dort mit ihr Kaffee zu trinken und Kuchen zu essen. Das war in meiner Alkohol-Drogen-Ausprobier-Phase. Wir schrieben bei unserer strengen und sehr braven Französischlehrerin eine Französischarbeit. Ich bereitete mich darauf vor, indem ich am Morgen um neun, mit Heike, einer Neuen in der Klasse, auf der Mädchentoilette eine Flasche Lambrusco ansetzte. Lambrusco, das war so ziemlich der schlechteste, aber eben auch der billigste Rotwein, den wir auftreiben konnten. Es gab ihn in Zweiliterflaschen. Wir öffneten diesen besonderen Tropfen also schon vor Tau und Tag und gönnten uns ungefähr drei Viertel der Flasche. Und im Alkoholdusel war es ein Leichtes, nichts oder nur Unwesentliches aufs Papier zu bringen. Auf meinem Blatt standen bei Abgabe genau drei Zeilen. Und tatsächlich: Ich bekam eine Sechs zurück. Für meine Mutter war die Sache völlig klar. Es gab ja eine klare Abmachung. »Wir gehen ins Stadt-Café Kaffee trinken und Kuchen essen.« Und so haben wir es gemacht. Wir haben uns richtig verabredet. Und dann sind wir mit dem Auto in die Stadt gefahren. Nur wir zwei. Das war sehr schön, ich kam mir richtig erwachsen vor. Ich durfte Kuchen auswählen und es gab Kaffee. Und, das Beste: Meine Mutter hat nicht einmal das Thema Schule angeschnitten. Wir haben einfach geplaudert und uns amüsiert und ich hatte sie für mich allein. Und: Ich fühlte mich ihr nah. So gestärkt konnte ich wieder in die Welt hinaus. Das war übrigens meine einzige Sechs.

Was ist denn der Sinn dahinter, fragen sich manche Eltern und sind empört. »Was soll ich denn bei einer Eins oder Zwei machen, wenn ich die Fünf oder die Sechs belohne?« Bewusst habe ich den Sinn erst viel später verstanden. Es ging um Trost und um Beziehung, darum zu zeigen: »Wir sind an deiner Seite.« Und: »Wir interessieren uns für dich. Unabhängig von Noten und Leistung.«

Und was ist jetzt mit der Motivation? Wenn Belohnung und Bestrafung nicht helfen? Dauerhaft motiviert sind wir alle nur, wenn wir uns selbst für etwas interessieren. Nur, wenn ein Jugendlicher sich wirklich interessiert oder ein eigenes Ziel hat, das er verfolgt, wenn er selbst den Sinn erkennt oder spürt, dass er Erfolg hat, dann lernt er aus eigenem Antrieb. Wir müssen uns nur vorstellen, wenn wir ständig gemahnt werden, etwas zu tun, welche Abwehr das letztlich in uns auslöst. Wenn unser Partner uns ständig sagt, dass wir unsere Schuhe wegräumen sollen, obwohl wir gerade damit beschäftigt sind, die Küche aufzuräumen, schmeißen wir ihm die Schuhe irgendwann an den Kopf.

Eltern Jugendlicher sind keine Motivationstrainer und müssen auch keine werden. Was sie tun können, ist, Angebote machen und gelegentlich Gespräche führen. Jon Gnarr, Schauspieler, Comedian und ehemaliger Bürgermeister der Stadt Reykjavik, erzählt in seinem Buch »Der Outlaw« über einen wichtigen Meilenstein auf seinem Weg. Er war in eine Familie hineingeboren, die sich zunächst seiner Geburt geschämt hat, weil die Mutter schon so alt war. Die

Eltern wurden nicht mit ihm fertig und er kam auf ein Internat für Schwererziehbare. Dort hat er sich als »Extrempunk« über Wasser gehalten. Er hatte Lehrer, die sich nicht besonders für ihn interessierten, und Mitschüler, die es auch bislang nicht einfach gehabt hatten. »Wachgeküsst« wurde er durch eine Theateraufführung und einen Lehrer, der ihm eine Chance gegeben und sein Talent gesehen hat. Die Glücksgefühle und die Flügel, die ihm gewachsen sind durch diese Erfahrungen, beschreibt er so: »Ich sah, dass der Lehrer mit meiner Leistung zufrieden war. Die Sache machte mir einen Heidenspaß. Auf der Bühne zu stehen, erweckte eine Seite in mir, die ich noch nicht kannte. Ich fühlte mich wie verwandelt und wünschte mir, es würde nie enden.« Der Lehrer lobte ihn: »Du bist der geborene Schauspieler, Jon!« Bei ihm, so schreibt er, hätten diese Sätze ein nie gekanntes Gefühl ausgelöst: »Noch nie im Leben hatte ich ein solches Lob bekommen ... Endlich etwas, worin ich gut war.« Das heißt: Erfolg und Anerkennung motivieren. Und: Nicht auf das gucken, was nicht gelingt, sondern auf das, was gelingt: vom Guten mehr.

8. »Ich kann auch ohne Handy schlecht in der Schule sein.«

Medien

Schule und Medien – da sehen Eltern häufig eine Verbindung. Sie sagen: »Er kann nicht lernen, weil er zu viel am Computer sitzt.« Oder: »Sie legt ihr Smartphone immer auf den Schreibtisch und ist ständig von irgendwelchen Nachrichten abgelenkt.« Aus dieser Logik heraus verhängen sie Smartphone-Entzug oder Computerverbot, wenn es in der Schule nicht gut läuft. Manche Eltern richten Konten ein, auf denen Schulnoten mit der Erlaubnis oder dem Verbot von Mediennutzung aufgerechnet werden. Und sie merken nicht, dass sie sich durch das Rechnen und das Mahnen aus der Beziehung zu ihrem Kind verabschieden.

Nach dem Thema »Respekt« ist der Umgang mit Medien das Thema, das Eltern am meisten beschäftigt. »Wie lange darf mein Kind? Wenn er sich nicht an die Regeln hält, dann kriegt er Handyverbot. Meine Tochter legt ihr Smartphone nicht mehr aus der Hand.«

Das stimmt. Medien sind heute eine Riesenherausforderung für jeden – Eltern und Kinder. Der Mediensog ist uns allen über den Kopf gewachsen – auch den ausgewiesenen Medienexperten. »Wie lange darf das Kind am Computer sein? Wann muss das Smartphone einkassiert, wann unbedingt von den Kindern mitgenommen werden? Ab wann ist man süchtig? Welches Gerät muss her, damit mein Kind nicht ausgegrenzt wird? Wo muss ich es schützen? Und wie?« Die Sache ist aus dem Ruder gelaufen. Das ausgeklügeltste Regelwerk hilft Eltern nicht, die Kontrolle über Nutzungszeiten zu haben, Medienexperten können den Zugriff auf brutale oder pornografische Inhalte nicht vollständig sperren, sie können Mobbing im Netz nicht verhindern.

Zum Trost – allen Eltern geht es so. Zumindest den allermeisten. Auch den Pubertäts- und Medienerfahrenen. Campino, der

Sänger der Toten Hosen, Vater eines 13-jährigen Sohnes, erzählt in einem Interview: »Bei dem Thema Internet bin ich genauso Halbwissender und Teilverzweifelter wie alle anderen Eltern auch. Man versucht Regeln einzuführen – aber gegen die Kraft des Netzes ist kein Kraut gewachsen. Ich finde vor allem die Art, wie manche Spiele die Kids anfixen, perfide. Wenn du sie mal davon abgelenkt hast, bimmelt es, und es erscheint die Aufforderung: ›Komm zurück! Dein Dorf wird angegriffen!‹ (mobil, 6/2017)

Die Eltern selbst hatten dagegen in ihrer Pubertät lediglich zaghafte Berührungen mit Medien, damals mit Telefon, Fernseher und Radio.

Rita ist 44 und Mutter einer 15-jährigen Tochter und eines 11-jährigen Sohnes: »Ich hab sonntags Formel 1 geguckt und ansonsten viel Radio gehört. Fernsehen fand ich blöd. Ich hatte einen im Zimmer, aber der war schwarz-weiß und du musstest zum Umschalten immer aufstehen, deshalb war Fernsehen auch nicht wirklich ein Thema. Es gab Diskussionen übers Telefonieren. Fünf Stunden abends mit Klassenkameraden oder mit deinem Angebeteten telefonieren, natürlich. Meine Eltern haben gesagt: ›Das ist zu teuer.‹ Und dann haben sie neue Telefone mit unheimlich kurzen Kabeln gekauft, sodass man dann im Wohnzimmer in der Telefonecke sitzen bleiben musste und sich nicht irgendwie in den Flur verpieseln konnte, um ungestört zu telefonieren. Das war auch nicht wirklich spaßig, wenn die Eltern jedes Gesäusel mithörten.«

Eltern heutiger Eltern hatten die Möglichkeit, den Medienkonsum ihrer Kinder zu steuern.

Bei Elena, 45, Mutter von drei Kindern, entschied der Vater mit einem Telefonschloss über den heißen Draht zur Welt. »Mein Vater hat einen Nervenzusammenbruch gekriegt, weil er uns tagelang von der Arbeit nicht erreichen konnte, weil besetzt war. Er hat dann die Nachbarn angerufen, damit sie meiner Mutter irgendetwas ausrichten … Der konnte schnell aus dem Karton springen und ich kann mir vorstellen, wie der da drauf war. Damals hatten wir ja noch diese Wählscheiben. Da hat er superoft ein Telefonschloss dran gemacht. Für mich war das ja der Nabel zur Welt. Also das wichtigste Kommunikationsmittel. Man kam ja direkt von der Schule und musste telefonieren, weil total viele Sachen noch ungeklärt waren. Als dann mit meinem Freund Schluss war, da musste ich natürlich auch total viel noch klären, und dann hat mein Vater ganz rigoros aufgelegt, abgesperrt. Das fand ich echt schlimm.«

Manche Eltern sahen damals Medien eher als Errungenschaft, die ihren Kindern unbedingt zugänglich gemacht werden musste. Jan, heute Vater eines Sohnes, erinnert sich:»Ich bekam mit acht Jahren einen Fernseher. Der stand dann in meinem Zimmer und der lief die ganze Zeit. Auch während ich Schularbeiten machte.«

Als ich Kind war, hatte ich Bücher,»Hanni und Nanni«,»Dolly«, und später Zeitschriften, die Bravo zum Beispiel. So etwa mit 10 bekam ich meine erste Fotokamera. Sie besaß lediglich einen Knopf, den zum Knipsen, mehr nicht. Mit ihr fing ich Eindrücke aus meiner Umgebung ein. Das Hinterteil unseres Hamsters, die Hälfte meiner Schwester, die Füße meines Bruders. Irgendwann erklärte mein Vater mir, dass ich beim Knipsen darauf achten soll, dass ich nicht immer Beine oder Kopf der zu fotografierenden Personen»abschneide«, sondern ganze Menschen im Visier habe. Als ich 12 war, kauften meine Eltern den ersten Schwarz-Weiß-Fernseher. Er hatte drei Programme und wurde meist nur am Wochenende angeschaltet. Um Bonanza zu gucken oder Rauchende Colts. Bei uns führte das zu verschärften Kollisionen: Während samstags Westernzeit im Fernsehen war, lief in der Kirche die Messe, und so passierte es mehr als einmal, dass mein Vater mitten in der spannendsten Szene, wenn Little Joe gerade in den Saloon kam, um einen Verbrecher auszuschalten, den Ausknopf drückte, um uns in die Kirche zu schleifen. Unser Zetern und Heulen nutzte gar nichts. Irgendwann hatte aber meine Mutter Erbarmen mit uns. Sie kam ins Spielzimmer, wo der Fernseher stand, und schlug sich auf unsere Seite, indem sie meinem Vater erklärte:»Was du da machst, ist ja wie ein Coitus interruptus.«Wir wussten nicht, was das war, aber es musste etwas sehr Schlimmes sein. Mein Vater hielt jedenfalls inne und irgendwann gab er auf, uns zur Samstagsmesse anzuhalten.

Als ich 14 war, bekam ich einen orangefarbenen, tragbaren Plattenspieler geschenkt, der sich in meinem schwarzen Zimmer wie ein Leuchtturm machte. Auf ihm spielte ich die Singles von zuerst Chris Roberts, dann von Roy Black und Anita und später von T. Rex und den Stones wieder und wieder ab. Heute kriegen Kinder Smartphones. Damit bekommen sie Bücher, Filme, eine Fotokamera, eine Filmkamera, ein Aufnahmegerät, einen Plattenspieler, ein Telefon, Musik und noch viel mehr. Ein kurzes Kabel gibt's nicht mehr. Alles, was wir gemütlich über die gesamte Kindheit und Jugend verteilt kriegten, landet mit einem Schlag in einem unschuldigen kleinen Päckchen auf dem Geburtstagstisch. Nach sehr kurzer Zeit bekommen sie noch etwas dazu, nämlich medienbesorgte Eltern. Denjenigen, die ihnen diese schönen Spielzeuge geschenkt haben, geht plötzlich der A… auf Grundeis.

Sie merken:»Die Geister, die ich rief, ich werd sie nicht mehr los.« Eltern treiben Fragen um, wie:»Sitzt mein Kind zu viel am Computer? Spielt es zu viel am Handy? Und führt das Ganze zu vollkommener Asozialität und Verblödung?« In ernster Sorge und manchmal Panik werden Regeln vereinbart, Verbote durchgesetzt, wird Geschenktes wieder einkassiert. Und das Absurde ist, im Eifer des Gefechts erkennen viele Eltern nicht, was sie selbst mit dem Dilemma zu tun haben. Sie übersehen, dass sie selbst den Kindern das vormachen, was diese gerade nachmachen. Und dass sich der Spieß längst umgedreht hat. In einer internationalen Studie hat das Sicherheitsunternehmen AVG herausgefunden: Kinder haben manchmal die gleichen»Sorgen« wie die Eltern, wenn auch aus ihrer ganz eigenen Perspektive: Mehr als die Hälfte der Kinder zwischen 8 und 13 Jahren findet nämlich, dass die Eltern zu viel Zeit an ihrem Smartphone verbringen. 36 Prozent der Eltern lassen sich durch das Smartphone so ablenken, dass die Kinder sich vernachlässigt fühlen. Andere Studien kommen zu ähnlichen Ergebnissen. Hallo?!!! Karl Valentin lässt grüßen.

Eltern haben viele Fragen. Sie taumeln hin und her zwischen

verschiedenen Überzeugungen: «Das Kind braucht ein Handy«, »das Kind soll ein Handy haben« und »das Kind muss das Handy wieder abgenommen kriegen.« Handy? Meist geht es ja direkt um Smartphones.

Und der Satz: »Mein Kind liest nie ein Buch, sondern sitzt den ganzen Tag am Computer«, ist längst überholt worden von dem Satz: »Mein Kind hat gar keine Computerkenntnisse mehr, es kann keine E-Mails verschicken und keine Powerpoint-Präsentationen anfertigen, es spielt den ganzen Tag mit seinem Smartphone.«

Das Smartphone ist die Verheißung, alles im Griff zu haben, in einem kleinen, feinen Gerät, das in die Tasche passt. Smartphone= Leben=wichtigstes Körperteil, wichtiger als das Herz.

Jugendliche, deren Eltern das Smartphone einkassieren und erst mal nicht wieder rausrücken, werfen ihnen vor: »Du hast mein Leben zerstört.«

Jugendliche wissen mehr über die digitale Technik als ihre Eltern. »Digital natives« halt. Sie benutzen es anders, schneller und selbstverständlicher. Eltern wünschen sich, dass die Kinder dazugehören, sie ködern sie mit dem Handy – einem wahnsinnig teuren Spielzeug –, von dem man sich fragt, wieso es sich eigentlich jeder leisten kann. Kinder und Jugendliche laufen wie selbstverständlich mit mehreren Hundert Euro in der Tasche herum.

Nicht irritieren lassen: »Die anderen haben aber auch ...« Das Argument von Jugendlichen ist so alt wie die Welt, manchmal stimmt es – für einige. Meistens stimmt es nicht. Und wenn: kein Kriterium. Das hilfreichste Kriterium ist: genau hingucken: Was kann mein Kind? Was kann ich ihm zumuten? Wie kann ich es stärken in dem Bewusstsein, auch ohne das neueste Smartphone ein interessanter Freund für andere zu sein? In der Grundschule reicht ein Tastenhandy für alle Fälle. Smartphone: ab der achten Klasse, sagen Medienexperten. Und das nur mit Begleitung: sich viel gemeinsam mit dem Ding beschäftigen, Gefahren erklären, zusammen erkunden, wie es geht. Nachts muss das Wunderteil raus aus dem Zimmer, keine Flatrate, mit der man ständig ins Internet kann. Die reicht ab 16. Im Internet sind eben auch schreckliche Dinge zu sehen, die Kinder unter Umständen nicht mehr aus dem Kopf bekommen. Warum sollten Eltern ihren Kindern das schenken? Eltern, die ihren Kindern ein Smartphone schenken, müssen sich klarmachen, dass die komplette Erwachsenenwelt, mit all ihren Brutalitäten und Abartigkeiten mit im Geschenk enthalten ist.

Und ebenfalls wichtig: Selbstbeobachtung. Welchen Stellenwert hat das Smartphone für uns? Wie benutzen wir es? Ist es immer dabei? Wenn wir die Kleinen vom Kindergarten abholen, die Großen von der Schule, beim Essen, beim Fernsehen, bei Unterhaltungen? Sind wir immer ›on‹?

Handy-Entzug als Strafe ist bei vielen Eltern beliebt. Oft ist es ein Reflex, auf Dauer ist es aber wirkungslos, weil die Kinder das Verbot als Machtinstrument enttarnen. Und dann kommt der Satz: »Ich kann auch ohne Smartphone schlecht in der Schule sein.«

Was dann? Eltern erzählen häufiger, wie entspannt ihr Kind ist, wenn es mal zwei Wochen kein Smartphone hat. Das ist eine interessante Beobachtung. Aber wie geht das? Freiwilliges Medienfasten in der Zeit zwischen Aschermittwoch und Ostern? Kinder, die selbst die Entspannung feststellen, entscheiden sich manchmal dafür. Und auf Elternseite: Wichtig ist die Haltung. Warum nehmen wir den Kindern das Smartphone, das wir ihnen doch geschenkt haben und von dem wir fordern, dass sie es bei sich tragen, wenn sie unterwegs sind, wieder ab? Um unsere Macht zu demonstrieren? Aus Hilflosigkeit, weil uns keine bessere »Strafe« einfällt? Oder weil wir unser Kind schützen wollen? Die Haltung ist entscheidend. »Wir müssen eine Regelung treffen, weil die Sache uns über den Kopf wächst, du nicht mehr genug schläfst und das Handy dich bestimmt. Wir können dafür sorgen, dass du es selbstbestimmt nutzen kannst und nicht zu dessen Sklaven wirst. Welche Regelungen können wir gemeinsam aufstellen? Was ist sinnvoll? Aus deiner Sicht und aus unserer Sicht? Was machen wir, wenn die Regelung nicht klappt?« Es wird nicht alles reibungslos gehen und die wenigsten Kinder werden sagen: »Das ist aber eine gute Idee.« Aber sie werden den Unterschied merken. Sie werden merken, ob ihre Eltern sie ärgern wollen, zeigen wollen, wer der Stärkere ist und am längeren Hebel sitzt, oder ob es ihnen um ihr Wohl geht.

9. »Du stinkst.«

Mobbing

Es muss ungefähr in der achten Klasse gewesen sein, als wir eine Klassenfahrt unternahmen. Ich kann mich nicht mehr an viel erinnern, aber an eines schon: daran, dass »wir« eine Mitschülerin, die auch nicht so richtig Freundinnen in der Klasse hatte und bei mir im Zimmer landete, übelst ärgerten. Ich sage »wir«, weil dadurch, dass ich zu der Gruppe der Ärgernden gehörte, plötzlich ein »Wir« entstand, dass mir zumindest teilweise ein wohliges Gefühl verschaffte. Wir waren zu sechst in einem Zimmer und ich war ganz froh mit den zwei Mitschülerinnen, die ich nett fand und die in unserer Klasse ganz gut angesehen waren, in ein Zimmer gekommen zu sein. Von dieser Mitschülerin hatte irgendjemand behauptet, dass sie »streng roch«, und ich meinte auch, das schon mal bemerkt zu haben. Als eines Abends das Licht aus war und sie schon länger nichts mehr gesagt hatte, fingen wir an, ihr das gemeinsam »mitzuteilen«. »Die stinkt«, »Iiieeh«, »Man müsste ihr mal ein Deo schenken«, »Sollen wir sie einsprühen?« Während dieser Lästereien hatte ich zwei schwer zu vereinbarende Gefühle in mir: Einerseits war mir mulmig zumute. »Das ist gemein«, klopfte es in meinem Kopf. Kerstin, so hieß das Mädchen, bestätigte dieses Gefühl kurz darauf. Sie schoss irgendwann, nachdem sie die Schmach eine Weile, gefühlt ein paar Minuten, vielleicht war es auch kürzer, über sich hatte ergehen lassen, hoch und schrie: »Ihr seid fies!« Das andere Gefühl war ein erhabenes, ein mächtiges, ein sicheres: Ich gehörte dazu, zu der Gruppe, ich war auf der Seite der Macher, derjenigen, die das Geschehen bestimmten. Ich war nicht allein, wie sonst oft, wenn ich einsam über den Schulhof ging, weil ich keine richtige Freundin in der Klasse hatte. Es gab ja ein »Wir«.

Mobbing kann traumatisch sein. »Seid ihr schon mal gemobbt worden«, haben meine Kollegin Lea Schwarzer und ich 12- bis

15-jährige Mädchen einer Mädchengruppe gefragt. Alle hatten diese Erfahrung schon gemacht. Ganz unterschiedlich und auch ganz ähnlich. Martha erzählt uns, wie sie von zwei, drei Jungs aus der Parallelklasse »Vampir« genannt wird oder »Dracula«, weil sie zwei etwas höher stehende Zähne hat. Sie wird geschubst, ausgelacht, verhöhnt, an der Bushaltestelle abgefangen und auf dem Schulhof eingekreist. »Du bist hässlich. Dass du dich überhaupt aus dem Haus traust«, muss sie sich anhören. Auch in der Stadt ist sie vor Angriffen nicht sicher.

Auch an Vera veranstalten Mitschüler und Mitschülerinnen regelmäßig »Geruchsproben«. Sie kommen ihr nah, schnüffeln an ihr. »Du stinkst«, »Wasch dich mal«, »Du hast ja immer die gleichen Klamotten an. Hast du keine anderen?«, »Seid ihr so arm, dass ihr euch keine Seife leisten könnt?« Der eigene Geruch ist ein elementares, ein körpernahes, intimes, ein sehr verletzendes Mobbingthema.

Lia ist etwas untersetzt. Sie hat zwar eine große Klappe und lässt sich nichts gefallen, aber auch sie wird fertiggemacht: »Du bist fett«, »Du hast Schweinchenaugen«, »Du Schlampe«. Sie wird geschubst, getreten und geschlagen.

Traurige Geschichten, die viele Schülerinnen und Schüler erleben. Sie wissen, wie es sich anfühlt, so verletzt zu werden, und sie leiden darunter. Umso erstaunlicher ist es, dass dieselben Mädchen auf die Frage »Habt ihr schon mal gemobbt?« mit »Ja« antworten. Zögerlich und beschämt erzählt eine, wie sie mitgemobbt hat. Ein etwas korpulenteres Mädchen aus der Klasse, die sich so komisch anziehe, eine Außenseiterin, war das Opfer. Sie selbst war irgendwann dabei, als andere das Mädchen mobbten und da habe sie gedacht: »Mach ich doch mal mit, bevor ich selber wieder gemobbt werde.« Eine andere erzählt, wie sie im Internet mal »voll ausgepackt« habe. Es sei unterste Schublade gewesen. Sie habe ein Mädel übelst beschimpft, eine, die sie vorher auch gemobbt habe. Und eine Dritte erinnert sich an »Blitze in den Augen«, die sie gehabt habe, als sie ein Mädchen fertiggemacht hat. Sie hätte ihre Fäuste sprechen lassen. Eine andere entwickelte eine Strategie, um einen Jungen zu ködern, der ihr sehr wehgetan habe. Gemeinsam mit zwei Freundinnen habe sie sich einen Decknamen ausgesucht, um ihn hochzunehmen. Sie hätten ihm immer wieder Nachrichten von einer fiktiven Verehrerin geschickt. Das hätte viel Spaß gemacht. Nicht alle Mobbingopfer schikanieren ihrerseits andere, viele ziehen sich zurück, werden stumm und deprimiert.

Warum mobben Menschen andere? Warum tun das ausgerechnet Menschen, die selbst erlebt haben, wie schmerzhaft das sein kann? »Ganz einfach«, sagen die Mobber. »Lieber mobben, als gemobbt werden. Ich gehör doch lieber in die Gruppe, als draußen zu sein.« Die Erfahrung, so gedemütigt und ausgegrenzt zu werden, ist für viele so schrecklich, dass sie sie nie wieder selbst erleben möchten. »Man fühlt sich nutzlos, wütend und traurig zugleich. Als würde man am lebendigen Leib verbrennen«, erklärte mir eine Jugendliche. Und andererseits: »Wenn man mobbt, dann ist es, als schickt man den Hass, den man abkriegt, einfach weiter«, ergänzt eine andere. So ist zu erklären, dass Menschen, die gemobbt wurden, oft sogar engen Freunden, die dasselbe Schicksal erleiden, nicht helfen. »Wenn ich sehe, dass meine Freundin gemobbt wird, schlag ich mich doch nicht auf deren Seite, sonst werde ich selber noch gemobbt«, sagen Jugendliche mit eigenen Mobbingerfahrungen.

Meist gibt es mehrere Gründe für Mobbing. Vielen ist nicht bewusst, warum sie das tun. Unbewusst gibt es die Hoffnung, selbst erfahrene Demütigungen auf diese Weise loszuwerden, Rache zu nehmen, durch das Wiederholen mit umgekehrten Vorzeichen zu verarbeiten, was mit einem selbst geschehen ist. Oft haben Menschen, die selber mobben, Misserfolge erlebt, in der Schule, in der Clique, zu Hause. Um die zu verarbeiten, probieren sie, sich auf Kosten anderer groß zu machen. »Wenn ich den klein mache, bin ich umso größer.« Es geht auch darum, sich mächtig zu fühlen, akzeptiert zu werden, stark zu sein. Aufmerksamkeit und Respekt zu erlangen. Der Erfolg ist allerdings nicht von Dauer. Deshalb werden die Aktionen immer wieder wiederholt.

Das war früher so und das ist heute noch genauso. Aber was ist anders? Warum ist heute Mobbing so ein Riesenthema? Ich glaube, es gibt hauptsächlich zwei Gründe: der eine sind die prominenten Vorbilder, der andere sind die viel weitreichenderen Möglichkeiten, die die digitalen Medien bieten.

Heute gibt es Fernsehstars wie Dieter Bohlen, Heidi Klum oder Stefan Raab, die ihren Ruhm unter anderem darauf bauen, dass sie wöchentlich im Fernsehen junge Menschen runterputzen. Es gibt YouTuber wie Dagi Bee oder Bibi, die Millionen Jugendliche begeistern, indem sie sie an jedem Schritt ihres Alltags vom Zähneputzen bis zum Toilettengang teilhaben lassen. Sie bekommen dafür Applaus, viel Geld und noch mehr Prominenz. So müsste man leben. Unsere Idole waren damals Hoss und Little Joe von Bonanza, Tarzan und die bezaubernde Jeannie, die immer auf der Seite der Guten waren, die Moral hatten und sich für Ehrlichkeit, Gerechtigkeit und Respekt einsetzten. Sie bestachen durch Wortwitz, Selbstironie, den Einsatz für Schwächere und nicht, indem sie andere öffentlich blamiert haben.

Digitale Medien sorgen heute nicht nur dafür, dass jeder zu jeder Zeit von der erlittenen Pein erfährt; Handys, Computer, soziale Netzwerke, Kameras, schnelles Versenden, Verbreiten von selbst gedrehten Filmen, Bildern und Texten binnen Bruchteilen von Sekunden sorgen auch dafür, dass man selbst keine Ruhe mehr findet. Überall und zu jeder Zeit kann es einen treffen und alle sind dabei. Zu der erlittenen Demütigung kommen die unendliche Scham und dann weitere Demütigungen. Und das Ganze ist nicht mehr steuerbar. Heute kursieren an jeder weiterführenden Schule Nacktfotos von Minderjährigen. In jeder Klasse gibt es mindestens ein Kind, das schon mal Nacktfotos von sich verschickt hat. Für den Rest seines Lebens muss es jetzt damit rechnen, dass dieses Foto irgendwann in Umlauf gebracht wird. Opfern und Tätern und Helfern gleitet die Sache völlig aus der Hand.

Ich weiß nicht, ob ich damals meinen Eltern erzählt habe, dass ich einsam war oder umgekehrt, dass ich auch mal mit zu den Gemeinen gehörte. Vielleicht habe ich Andeutungen gemacht, habe versucht, verschlüsselt über das Thema zu reden.

Kinder, die gemobbt werden, reden oft nicht darüber, sie befürchten, dass es schlimmer wird, sind überzeugt davon, dass ihnen eh keiner helfen kann, und schämen sich dafür, dass ihnen das widerfährt, dass sie nicht Held sind, sondern Opfer. Eltern sind häufig sehr verzweifelt, wenn sie dann davon erfahren. Warum hat er nichts gesagt? Warum konnte ich mein Kind nicht schützen?

»Ich habe mitbekommen, dass mein Sohn gemobbt und geschubst wird, weil ich mich irgendwann über seine blauen Flecken gewundert habe«, erzählt eine Mutter in der Elterngruppe. Tom ist 15 und lebt allein mit seiner Mutter. »Er hat nie darüber geredet. Er hatte Angst, dass ich eingreife und es noch schlimmer wird. Ich habe dann auf dem Elternabend gesagt, dass ich jeden blauen Fleck zur Anzeige bringen werde. Erst dann hat es aufgehört, aber für Tom war es trotzdem schlimm. Er wechselt jetzt die Schule.«

Was können Eltern überhaupt tun? Sie können aufmerksam sein, ihre Kinder ernst nehmen, ihnen zuhören, sie trösten, zu ihnen stehen, aber nichts hinter ihrem Rücken unternehmen. Sie können mit ihren Kindern gemeinsam überlegen, was zu tun ist, wer um Unterstützung gebeten werden muss. Was sie auf keinen Fall tun sollten: Im Hintergrund selbst agieren, den Eltern der »Täter« beleidigende oder vorwurfsvolle Mails schicken und so den Kampf auf der Erwachsenenebene weiterkämpfen.

Meine damalige Klassenkameradin Kerstin hatte das Glück, dass sie nicht auch noch mit Mails, Whatsapp-Nachrichten oder Facebook-Einträgen bombardiert wurde. Und ich hatte ein verdammt schlechtes Gewissen und hab mich am Ende ziemlich mies gefühlt. Das mit dem Stinken hatte übrigens zuvor mal jemand zu mir gesagt.

10. »Die Welt gehört mir.«

Das hätte ich meiner Tochter nie erlaubt

Mit 15 fuhr ich mit meiner Freundin Jutta, die gerade 16 geworden war, in den Herbstferien nach London. Wir nahmen den Zug und die Fähre und wieder den Zug und die U-Bahn und nach einer Tagesreise tauchten wir irgendwann aus dem U-Bahn-Schacht auf und standen in London auf der King's Road. Damals der Hotspot in London. Schwarze englische Taxis, rote Telefonzellen, Doppeldeckerbusse, wie im Englischbuch, nur in echt. Wir hatten Bargeld dabei – genug, um eine Woche in London gut zu leben. Handys gab es nicht, und wir haben lediglich einmal unsere Eltern angerufen und das war am ersten Tag und ein längeres Unterfangen: Die roten Telefonhäuschen waren oft besetzt und wenn man durch die Scheiben blickte, sah man oft Menschen, in der Regel Touristen, die verzweifelt versuchten, eine Verbindung in die Heimat herzustellen. Man brauchte nämlich eine Ausbildung für die Benutzung dieser Apparate. Es funktionierte so: Zuerst legte man eine Münze auf den Münzschlitz und hielt, zumindest bei Ferngesprächen, andere griffbereit. Dann wählte man die Nummer, und sobald sich jemand am anderen Ende meldete, sollte man nicht den Fehler machen, erst »hallo« zu sagen, sondern man musste sofort mit Vehemenz versuchen, die Münze – gegen einen Widerstand – in den Schlitz zu stecken, sonst war die Verbindung sofort wieder weg. Der Vorteil dieses komplizierten Procedere: Jeder, auch alle Eltern, hatten Verständnis, dass man sich nicht häufiger als einmal pro Ferien melden konnte. Tägliche Fotos von der Umgebung, den Leuten, die man kennengelernt hatte, der Menüfolge, die man zu sich genommen hatte, undenkbar. Einmal anrufen reichte: »Wir sind gut angekommen.« Dann waren wir auf uns gestellt. Gefühlt allein auf einem anderen Planeten. Ich glaube, wir haben in den sechs Tagen so viel erlebt wie sonst in einem Jahr.

Erst mal haben wir uns ein Hotel gesucht. Es sollte zentral liegen, das war uns wichtig, und die King's-Road-Umgebung schien uns der geeignete Ort. Wir fanden ein kleines, etwas heruntergekommenes Hotel mit teilweise Schimmel an den Wänden, direkt in der Oakley Street, einer Seitenstraße der King's Road. Einen Frühstücksraum gab es nicht. Das englische Frühstück bekamen wir auf das Zimmer serviert und wir verspeisten es im Bett liegend, rauchend, den Schimmel fest im Blick. Ein Rauchverbot gab es nirgendwo. Und natürlich gehörten wir schon seit etwa drei Jahren zum rauchenden Teil der Bevölkerung. Wir fühlten uns erwachsen und frei. »Jippieh« und »Hihihilfe« gleichzeitig.

In unseren sechs Tagen London hatten wir tagsüber zwei Straßen, auf denen wir uns aufhielten. Das waren die King's Road und die Portobello Road. Hier gab es für eine Woche jede Menge zu sehen und zu erleben. Geschäfte wie auf diesen Straßen und Menschen, die so aussahen, wie die, die hier lebten, kannten wir aus Hagen nicht. Zum Beispiel gab es dort den Chelsea Antiques Market. Man ging dort hinein und drinnen eröffnete sich ein Paradies zum Schauen, Kramen und Anprobieren. Viele kleine Mini-Läden mit Schmuck, Klamotten, Möbeln und jeder Menge ausgefallen gekleideter Leute. Individualisten, Mods, Teds und Punks, wobei wir die Ausdrücke Mods, Teds und Punks damals nicht kannten. Es waren Leute mit kürzeren Hosen, mit Hüten, mit zerrissenen Klamotten. »Hippe« Musik- und Moderichtungen, die wahrscheinlich total angesagt waren oder bald sein würden. Wir konnten uns nicht satt daran sehen, nicht genug hören und ausprobieren. Außerdem gab es im hinteren großen Raum ein Café mit wunderbarem englischem Cheesecake mit Blaubeeren und knusprigem Crumble-Boden und einen Friseur auf einem Podest. Dort ließen sich die Leute die Haare schneiden und rot, grün und lila färben. Wir kannten als Haarfarben bisher lediglich die üblichen: blond, braun, schwarz und leicht rötlich. Wir waren fasziniert und kehrten fast täglich hier ein, um diese abgefahrene Luft zu schnuppern und einen von diesen Wahnsinns-Cheesecakes zu verspeisen. Dann gab es den Bazaar, einen Laden mit besonderen, ausgefallenen, recht teuren Sachen. Wir schlichen erst drumherum, es sah teuer aus. Mary Quant, die Modedesignerin und Besitzerin, die öffentlich über Schamhaarfrisuren redete, ihre eigenen angeblich grün färbte, kannten wir natürlich nicht. Aber dass der Laden etwas Besonderes war, das spürten wir. Das Abgefahrenste, Unwirklichste war allerdings ein anderer »Shop«. Einer, in den wir uns nur ein einziges Mal hineingetraut haben. Der Schritt über die Türschwelle war für uns wie eine Mutprobe, die man machte, um in eine Bande aufgenommen zu werden. Wir mussten einfach in dieses Geschäft. Es zog uns an wie ein Magnet und gleichzeitig hatte es etwas Gruseliges. SEX stand in pinkfarbenen Buchstaben über der Tür. Es war ein ganz kleiner Laden, und im Fenster, neben wenigen rotkarierten Kleidungsstücken, lagen schwarze, aufgerissene Klamotten, manche gar nicht direkt als Anziehsachen für uns identifizierbar. Die Röcke, BHs, T-Shirts und Hosen waren zum Teil aus Lack und Leder, sogar aus Latex. Die meisten hatten Löcher und waren extra aufgerissen. Ihre Löcher und Nähte wurden von dicken Reißverschlüssen, Bändern und Sicherheitsnadeln zusammengehalten. Dicke Ketten zierten die T-Shirts und Hosen in den Glasvitrinen. Es lagen sogar Handschellen daneben. Wir glotzten vor Neugier und Schauder. Mit zögerlichem Gefühl betraten wir den winzigen Laden. Nicht sicher, ob man da auch unbeschadet wieder herauskommt oder nicht vielleicht in irgendeinem Hinterzimmer landet und in Ketten gelegt wird. Drinnen saß eine Frau mit hellblonden, abstehenden Haaren, um die Augen dick geschminkt. Sie hatte einen Teil dieser Klamotten, von denen wir uns zuerst nicht vorstellen konnten, dass man die auch tragen kann, an. Um sie herum standen ein paar junge Typen, die genauso aussahen. Uns kam das vor wie eine andere Welt. Dass es sich um den Punk-Laden von Vivian Westwood und Malcolm McLaren handelte und dass die Typen möglicherweise Mitglieder der Band »Sex Pistols« waren, wussten wir nicht. Es sagte uns zum damaligen Zeitpunkt auch noch nichts. Wir waren auf jeden Fall schwer beeindruckt, so ein bisschen, als hätten wir die Bekanntschaft mit Außerirdischen gemacht. Wir schauten uns verunsichert um, mehr als ein »Hey Luv« hatten wir an Beachtung nicht bekommen. Schweigend und ehrfürchtig staunten wir über die Auslagen in den Vitrinen, denn wir wollten uns ja auch nicht anmerken lassen, dass wir aus dem Provinzstädtchen Hagen kamen, so etwas noch nie gesehen hatten und am liebsten bei jedem Teil laut gestaunt und »Hey, guck mal hier«,

»Hast du das gesehen?«, »Was macht man wohl damit?« zugerufen hätten. Betont locker, nicht zu schnell, verließen wir nach wenigen Minuten mit wackeligen Knien den Laden. Was war das? Wir konnten nicht einordnen, was wir gesehen hatten, und uns noch weniger vorstellen, dass es viele Leute gab, die hier ganz normal einkaufen gingen, wie bei uns die Leute bei C&A einkaufen. Danach hatte sich unser Blick auf die Außerirdischen geschärft und wir sahen immer wieder Typen, die so gekleidet waren, die alle aussahen, als wären sie diesem Laden entsprungen. Das heißt, wir mussten uns zumindest keine Sorgen machen, dass dieses außergewöhnliche Kleinod keine Kundschaft hatte. Dann schlenderten wir mit neugierigen Augen an »Granny takes a trip« vorbei. Auch mit diesem Laden gingen wir vorsichtig um. Er sah edler aus und wir konnten uns die Sachen wahrscheinlich eher nicht leisten. Aber gucken und anfassen; das haben wir uns letztendlich doch getraut. Dort wurden unter anderem Samtanzüge verkauft. Später erfuhr ich, dass Joe Cocker und Keith Richards sich hier einkleideten.

In dieser Woche London und vor allem auf der King's Road lernten wir viele Leute kennen. Die Ersten waren ein Trupp von sechs Italienern, die wir abends in einer Bar trafen und die uns gleich einluden und relativ abfüllten, mit Cocktails, die wir noch nie getrunken hatten und die wir uns mit unserem Budget auch nicht leisten konnten. Zu den Drinks gab es Möhren und Selleriesticks. Dann fuhren wir in einen Club, in den man wahrscheinlich als 15- bzw. 16-Jährige so noch nicht hineindurfte. Aber wir hatten ja »Sponsoren« dabei. Dort gab es Mädchen, die in Bikini und hochhackigen Pumps die Drinks servierten, und es gab Table Dance. Die Italiener saßen mit uns in den Sofas, sprachen hauptsächlich miteinander Italienisch und fragten uns immer wieder aufmunternd: »Do you want a drink?«, »Do you want some more?« Wir nahmen Drinks und gingen zwischendurch zu zweit aufs Klo, um einen Teil davon wieder wegzubringen. Auf einem unserer Rückwege wurde Jutta noch von zwei großen Engländern angesprochen, wer wir wären und wo wir herkämen. Jutta, die ein sehr lustiges, deutsches Englisch sprach, erzählte von Germany, lächelte erwachsen und wir begaben uns wieder zu den Italienern, die schon nach uns Ausschau hielten. Wir wussten nicht, wo wir uns in dieser

Stadt befanden und auch nicht so genau wo wir hingucken sollten, den Italienern in die Augen oder auf die leicht bekleideten Kellnerinnen. Aber morgens gegen zwei wussten wir, dass wir mal besser gehen sollten. Als wir wahrscheinlich etwas schwankend aus dem Laden hinaustorkelten und keinen Plan hatten, wie wir ins Hotel kommen sollten, rannten wir direkt in die Arme der zwei großen Engländer von der Theke. Sie hatten ihr Auto schon startklar, waren aber offenbar noch nicht fertig mit dem Abend. Auf jeden Fall standen sie jetzt wieder vor uns, um uns zu »helfen«. Offenbar war ihnen unser »Wir-wissen-jetzt-auch-nicht-wohin-Blick« nicht entgangen, und so boten sie uns an, uns nach Hause zu bringen. Das schien uns die Rettung, die Chance, schnellstmöglich zu flüchten. Wir dachten nicht lange nach und stiegen bei den smarten Herren ins Auto. Auto? Wir fielen in einen großräumigen Fond auf weiße Ledersitze. Nach ein paar Orientierungssekunden in unserem »Rettungswagen« zweifelten wir kurz, ob wir hier weiter atmen dürften. Wir saßen in einem dunkelroten Schlitten, der vorne so eine geflügelte Figur auf der Kühlerhaube hatte, wie wir sie ganz eventuell schon mal in einer Fernsehwerbung gesehen hatten. Eine Luxuslimousine. »Rolls Royce«, raunte mir Jutta fachmännisch zu.

So ein Auto gab es in der Welt, aus der wir kamen, nicht.

Es ging ja ums Entkommen, aber jetzt steckten wir schon im nächsten Abenteuer mit sehr ungewissem Ausgang. Die Herren waren circa 25 Jahre älter als wir. Zwei hochgewachsene Gentlemen, ein Pilot und ein Geschäftsmann, wie sich im Auto herausstellte, die uns aus der Klemme helfen würden, wie wir dachten. Sie hatten allerdings nicht die Absicht, uns nach Hause zu fahren, was wir in unserer vom Alkohol benebelten Verfassung und dem ungläubigen Staunen hier nachts in dieser Limousine durch London, vorbei an Big Ben und St. Pauls, chauffiert zu werden, nicht sofort checkten. So musste sich die Queen fühlen, wenn sie mit ihrer königlichen Kutsche durch die Stadt fuhr. Und jetzt wir: Königlicher konnte man diese Stadt kaum erleben.

Letztendlich landeten wir allerdings nicht in unserem Hotel, sondern in der großzügigen Wohnung des Geschäftsmannes. Hier übernachteten wir auch. Nach einem kurzen Plausch im Wohnzimmer fand ich mich im Doppelbett des Geschäftsmannes wieder und Jutta blieb mit dem Piloten im Wohnzimmer. Keine Ahnung, wie das so gekommen ist, an Zuneigung oder so was kann ich mich nicht erinnern. Nur daran, dass in dem Schlafzimmer ein Laufstall stand und Kinderspielsachen herumlagen, was ich sehr seltsam fand. Der Typ war schon Vater und schleppte trotzdem 15-Jährige ab. Hier hätte der warnende Satz meines Vaters gepasst: »Die wollen ja nur das Eine.« Klar, dieser Mann wollte mit mir Sex, aber ich war gerade erst 15 und ich hatte mir fest vorgenommen: Mein erstes Mal sollte schön werden und ich wollte es nicht mit jemandem erleben, den ich gar nicht kannte und den ich mir irgendwie auch gar nicht so richtig ausgesucht hatte. Zum Glück war er so müde und schon ziemlich betrunken, dass ich mich mit ein paar Abwehrmanövern aus der Affäre ziehen konnte. Er schien noch nicht mal unzufrieden und schlief relativ schnell ein. Ich schlief nicht so viel. Am nächsten Tag fuhr uns Juttas Pilot in seinem roten Rolls Royce quer durch London zur King's Road zurück. Jutta hat mir später erzählt, dass sie das Problem ähnlich gelöst hatte wie ich.

Wir konnten in dieser Zeit Entdeckungen machen und grenzenlos und unbeobachtet ausprobieren, wie Großstadtleben, frei sein, selbst entscheiden geht. Manchmal war es haarscharf. Ein Bewusstsein für Gefährdungen hatten wir nur bedingt.

Ein Café in der Nähe unseres Hotels war unser täglicher Anlaufpunkt. Hier lernten wir einen Typen kennen, der uns abends zu sich nach Hause einlud. Er sei Manager einer Punk-Band, die gerade ganz angesagt war und in den nächsten Tagen im Round-House in London spielen sollte. Unerschrocken und neugierig klingelten wir abends an seiner Tür und er setzte uns auf sein Sofa und erzählte uns einen vom Pferd, sprich, von seiner erfolgreichen Manager-Karriere, den Karten für das Konzert, die er uns besorgen würde und seiner zweiten Karriere als Fotograf. Er erwähnte Hamilton und so softe Fotos von jungen, wenig bekleideten Mädchen hinter Schleiern und Vorhängen, die ihm vorschwebten, und rückte mir immer näher. Jutta und ich guckten uns an. Wir mussten hier weg. Ich weiß nicht mehr, wie, aber irgendwie haben wir es geschafft, aufzustehen, etwas von »Wir müssen jetzt gehen« zu murmeln und uns zu verabschieden und das Weite zu suchen. Wir mochten ihn nicht, er war eklig und unsympathisch. Aber wir hatten ja uns und das Gefühl: Zusammen passiert uns nichts. Wir können bestimmen, was wir machen und was nicht.

Neben unseren täglichen Spaziergängen über die King's Road fuhren wir jeden Tag mit der »tube« zur Portobello Road. Dort auf dem Portobello Market hatten wir direkt am ersten Tag Eric kennengelernt. Eric war Franzose, hatte hennagefärbtes Haar und verkaufte Armee- und Ledermäntel. Mit ihm unterhielten wir uns, tranken Kaffee und passten, wenn er mal weg musste, auf seinen Laden auf. Ansonsten gaben wir unser Geld aus. Ein Tag vor Ablauf unseres London-Aufenthaltes war es weg, der letzte Penny ausgegeben. Aber wir waren glücklich. Wir hatten uns jede zwei Hüte gekauft, ich hatte noch zwei von jungen Designern selbst gefertigte Samtjacken, alles in Dunkelblau und Lila. Jutta trug stolz ihren in Erics Laden neu erworbenen langen Armeemantel. Mit dieser Beute konnten wir zufrieden wieder nach Hause fahren. Nur, jetzt so ohne Geld, hatten wir irgendwann ziemlichen Hunger. Aber wir hatten ja Eric. Er nahm uns mit in seine Miniwohnung und kochte in seinem Henna-Kochtopf Spaghetti für uns, die wir dann mit Ketchup regelrecht verschlangen. So gestärkt, starteten wir die Rückreise. Tickets hatten wir schon. Zumindest bis Dover und für die Fähre. Als wir dann aber in Dover ankamen, war unsere Fähre längst weg. In der Wartehalle gab es Holzbänke und wir waren auch nicht die Einzigen, die die Fähre verpasst hatten. Zwei deutsche Jungs teilten dieses Schicksal. Die Nacht verbrachten wir im Wartesaal des Anlegers. Die beiden Jungs schenkten uns Schokolade und wir vertrieben uns die Zeit mit Geschichten aus unserer aufregenden Herbstferienwoche. Irgendwie holten wir noch ein nettes älteres Ehepaar in unsere Runde, das uns dann sogar einen Kaffee spendierte. Wir hatten ja noch den ganzen Tag Reise vor uns. Und: Wir hatten noch kein Zugticket von Ostende nach Hagen. Aber es kümmerte uns auch nicht. Wir waren glücklich, als am nächsten Tag die Fähre fuhr. Wir standen an Deck und lachten über unsere Bekanntschaften mit den Italienern, dem Hamilton-Fotografen und den Rolls-Typen. Zum Glück lernten wir noch einen Deutschen kennen. Er hatte einen Motor unter dem Arm und er kam auch aus dem Ruhrgebiet. Ihm gegenüber müssen wir wohl erwähnt haben, dass wir noch nicht so genau wussten, wie es ab Ostende für uns weiterging. Er bot uns an, uns mitzunehmen, wenn wir die Zeit hätten, zu warten, bis er den Motor in seine Ente, die in einem Parkhaus in Ostende stand, eingebaut hätte. Natürlich hatten wir Zeit. Einen Tag Schule hatten wir eh schon verpasst, da ja die Fähre schon weg war. Also schauten wir dem netten Typ beim Einbau seines Motors zu und er lieferte uns tatsächlich Montagabend in Hagen bei unseren Eltern ab, die sich, zumindest in meiner Erinnerung, nicht groß wunderten, dass wir erst jetzt kamen. Vielleicht hatten wir es ja in Dover auch noch mal geschafft anzurufen. Vielleicht waren unsere Eltern auch einfach nur erleichtert, dass wir überhaupt kamen. Jedenfalls hat es kein Riesentheater mit Vorwürfen, Verboten und Strafen für die nächsten sechs Wochen oder sieben Monate gegeben, wie man es auch hätte erwarten können. Ich stürzte mich auf das Abendessen. Ich glaube, Juttas Eltern waren nicht so sonderlich begeistert, ihr Vater wurde ernst und las ihr die Leviten, aber ein Drama war die Sache bei ihr auch nicht. Und wir fühlten uns sehr groß. Von dem, was wir erlebt hatten, hatte in der Kleinstadt Hagen ja niemand eine Ahnung. Wir kannten jetzt die Welt – Ha.

11. »Ihr versteht mich nicht.«

Sehnsucht

»Die machen ja nichts, die hängen nur rum«, klagen Eltern oft, wenn sie über das ihrer Meinung nach nicht auf ein sinnvolles Ziel hin steuernde Verhalten ihrer Kinder urteilen. Sinnvolle Ziele für Eltern sind zum Beispiel: Noch mehr Vokabeln zu lernen, noch schönere Töne aus dem Saxofon herauszublasen, noch ordentlichere Zimmer vorzeigen zu können oder noch ausgedehntere Spaziergänge mit dem Hund zu unternehmen. Das alles machen gesunde Jugendliche in der Regel nicht. Also machen sie in den Augen der Eltern »nichts«. Fragt man die Eltern: »Was machen sie denn, wenn sie nichts machen?«, erfährt man: Die Jugendlichen machen ganz viel, sie machen nur nicht das, was die Eltern sich vorstellen, was sie machen sollten: Sie waschen sich zehnmal am Tag die Haare und föhnen sie zwanzigmal, sie stehen vor dem Spiegel, um jede Unebenheit, jeden Pickel in ihrem Gesicht zu untersuchen und unliebsame »Krater« auszumerzen. Sie spielen mit ihrem Smartphone, senden und empfangen unzählige Nachrichten, sie sitzen am Computer. Manche sind voll damit beschäftigt, auf dem Teppich zu liegen, an die Decke zu starren und zu wachsen. So beschrieb einmal eine Mutter die Tätigkeit ihres 14-Jährigen: »Er liegt auf dem Teppich und wächst.« Andere Eltern formulieren es sarkastischer: »Wir haben es zu tun mit der ›Generation der Liegenden‹: Daddeln und Chillen.«

»Die haben eine Sehnsucht, aber sie wissen nicht, wonach«, kommentierte eine Mutter in der Elterngruppe das Seelenleben der Jugendlichen. Vielleicht ist es auch nur so, dass die Eltern nicht wissen, wonach sich die Jugendlichen sehnen. Entweder weil sie vergessen haben, wonach sie sich selbst in ihrer Jugend gesehnt haben oder weil sie gezwungen waren, im Laufe ihres Großwerdens ihre Sehnsüchte aufzugeben und Platz für lebenspraktischere, realistischere, vielleicht auch resignative Sichtweisen auf das Leben zu machen. Denn die Sehnsüchte sind oft sehr widersprüchlich, unrealistisch; Tagträume, die im »wirklichen«, im echten Erwachsenenleben gar keinen Platz mehr haben. Viele davon müssen einfach sterben.

Ich hatte verschiedene Sehnsüchte. Eine große Sehnsucht war die nach Freiheit. Machen können, was ich möchte, groß sein, erwachsen sein, selber bestimmen, was geht, wie ich lebe, und mehr noch: wie auf keinen Fall. In einer WG wollte ich leben, damals »Kommune« genannt, mit Leuten, die einen ernst nehmen, von denen man akzeptiert wird, mit denen man auf gleicher Ebene steht. Ich war zudem der festen Überzeugung, dass ich wusste, wie das wahre Leben geht, wie die Welt funktioniert. Meine Eltern waren aus einer anderen Zeit, die hatten davon natürlich keinen Schimmer. Diese Überzeugung teilte ich, ohne es zu wissen, mit vielen anderen vor mir und nach mir. Dem amerikanischen Autor Mark Twain, Erfinder von Tom Sawyer und Huckleberry Finn, ursprünglich Kritiker der amerikanischen Gesellschaft, wird eine ähnliche Erkenntnis zugeschrieben: »Als ich 14 war, war mein Vater so unwissend. Ich konnte den alten Mann kaum in meiner Nähe ertragen. Aber mit 21 war ich verblüfft, wie viel er in sieben Jahren dazugelernt hatte.«

Meine Freundin Petra, die in ihrer Jugend mindestens so revoluzzermäßig drauf gewesen sein muss, wie ich es von mir fand, wusste sofort, was ich meinte, als ich ihr von meiner damaligen Verzweiflung über die ignoranten und »fehlgeleiteten« Erwachsenen erzählte. Sie hat mir letztens gestanden, dass dieser Zustand des sicheren Bewusstseins davon, den »Clou« zu haben, wie die Welt funktioniert, bei ihr erst mit 40 langsam abgeebbt ist.

Und gleichzeitig hatte ich, nicht sichtbar, vollkommen versteckt in der hintersten Ecke meines Herzens, sodass ich selbst davon nichts wusste, die Sehnsucht, von meinen Eltern gehalten und beschützt zu werden. Beschützt zu werden vor Einsamkeit, Kamikaze-Aktionen und Menschen, die mich übel behandelten.

Weltschmerz

Wohin mit mir? Wo ist mein Platz in der Welt? Wie kann ich bestehen zwischen Coolen und Angebern, Weltverbesserern und Alleskönnern? Keiner versteht einen, keiner ist wirklich für einen da, was soll man nur machen? Solche melancholischen, trübsinnigen, ausweglosen Momente kennen alle Jugendlichen und mindestens alle, die schon mal jugendlich waren. »Weltschmerz« nennt meine Freundin Anne solche Zustände des Nichtwissens. Wohin soll man nur mit sich und der Welt? Manche Eltern machen solche Stimmungen ihrer Kinder ganz unruhig. Vielleicht weil sie es von sich selbst kennen und es kaum aushalten können, so wenig Bodenhaftung zu spüren. Aber aushalten ist vielleicht das Stichwort. Kinder, die unter Weltschmerz leiden, freuen sich über ein »Big Hug«, eine Tasse Kakao und Eltern, die einen Nachmittag lang einfach alle klugen Ratschläge für sich behalten.

Einsamkeit

Als ich in der Mittelstufe war, bin ich oft alleine auf dem Schulhof herumgegangen. Ich hatte keine Freundin in der Klasse. Und Jungs gab's nicht. Ich war auf einem katholischen, von Nonnen geführten Mädchengymnasium. Das Gefühl, alleine zu sein, war der eine Schmerz, der andere, dass alle es sehen, dass ich alleine bin, und offenbar keiner mit mir zu tun haben möchte.

Manchmal hab ich versucht, mich in der Nähe von zwei Mädchen, die miteinander gut befreundet waren, und zu denen ich vielleicht gern gehört hätte, aufzuhalten. Andere aus meiner Klasse bemerkten meine Annäherungsversuche und raunten den beiden mit einem Seitenblick zu mir und laut genug, dass ich es hören konnte, zu: »Die geht immer hinter euch her.« Die Größere der beiden, Ulrike, erwiderte darauf: »Lass sie doch.« Das werde ich ihr nie vergessen. Sie verteidigte mich, auch wenn sie mich nicht direkt einlud, mit ihnen zu gehen. Einsamkeit in der Pubertät – mir war damals nicht klar, dass auch andere dieses Phänomen kannten und darunter litten. Ich dachte: Nur mir geht es so. Alle anderen sind gut angedockt, bei mindestens einer, eher mehreren Freundinnen. Ich freundete mich am liebsten mit den Mädchen an, die aus irgendwelchen Gründen, die sie selber nicht entschieden hatten, mit ihren Familien in unsere Kleinstadt gezogen waren und später in unsere Klasse kamen. Da gab es zwei, die ich sehr spannend fand und die nacheinander für kurze Zeit in unserer Klasse waren und Abwechslung für mich boten. Die eine kam aus München, Sabine, die andere, Helga, aus Berlin. Beide rauchten, interessierten sich für Jungs, waren hübsch und alles andere als provinziell. Sie gaben vor, wie das Leben war und zu sein hatte, und ich saugte alles neugierig auf. Sabine trug eine schwarze Lockenperücke, einen Parka, Jeans und sah aus wie Marilyn Monroe in Dunkel. Helga hatte lange rote Haare und in München offenbar schon einiges erlebt. Sie waren etwas älter und körperlich schon weiter entwickelt als ich, was allerdings nicht schwer war. Ich war zu meinem Leid echt spät dran, was das anging. Sie erzählten Geschichten aus der Großstadt, von Rauchen, Kiffen, Jungs, Kneipen und einem Leben ohne Eltern. Sensationell in den Hallen der Nonnenschule.

Was hilft gegen Einsamkeit?

Sich einsam zu fühlen, melancholisch, traurig, vielleicht auch etwas heroisch: »Ich bin anders als ihr, ihr versteht gar nichts.« Kein Gefühl, das nur ich kannte, und keines, das es nur damals gab. Viele Jugendliche fühlen sich allein. Allein in ihrer Art zu denken und zu empfinden. Sie fühlen sich unverstanden und nicht in ihrer Not gesehen. Das war früher so, das ist heute so. Mein Sohn las zu der Zeit »Gregs Tagebuch, Band I: Von Idioten umzingelt« und er erklärte mir: »Mama, so fühle ich mich manchmal.«

Was tun, wenn einen keiner versteht und man sich unglaublich allein fühlt? Ich hatte mehrere Strategien, mit meiner Einsamkeit umzugehen, manchmal in melancholischer Lust, manchmal in ziemlicher Verzweiflung.

1. Die Farbe Schwarz

»Ich werde eine andere Farbe als Schwarz tragen, wenn es eine dunklere Farbe gibt.« An diesem Satz auf dem schwarzen T-Shirt eines ungefähr 16-jährigen Jungen blieb letztens mein Blick haften. Er machte die Technik in einer Schulaula, in der ich einen Vortrag zum Thema Mobbing hielt. Ich entschloss mich mit 14, meine Umgebung einschließlich mir selbst in diese Farbe zu tauchen. Eine Wand in meinem Zimmer wurde schwarz, die Matratze auf dem Boden wurde mit schwarzem Cord überzogen (da muss meine Mutter mich unterstützt haben, ich kann mich nicht erinnern, dass ich diesen Bezug selber genäht hab), und meine Klamotten waren natürlich ebenfalls in der Existenzialistenfarbe: schwarzer Rollkragenpullover, schwarze Cordhose, schwarze Felljacke, schwarze Schuhe, schwarze Fingernägel. Das war nicht Emo – es war Existenzialismus, Schutz, Anhimmeln von Bobbi, der 11 Jahre älter war als ich und dasselbe tat: Schwarz tragen und schwarz rauchen: Roth Händle. Besser gesagt, ich tat dasselbe wie er. Schwarz tragen, das Zimmer schwarz machen und Roth Händle rauchen. Schwarz, das ist Schutz und Revolution in einem. Man kann sich schön hinter der Einheitsfarbe verstecken und denken: »Eure Farben sind mir zu öde, mach ich nicht mit.« Opposition!

2. Gedichte schreiben

Leider habe ich sie nicht mehr, die Gedichte und Tagebücher aus meiner Pubertät. Aber ich wusste, glaube ich, instinktiv eines: Gedichte schreiben konnte helfen, melancholische Stimmungen so richtig auszukosten. Und inspiriert haben mich die großen Dichter und das kam so: Eines Sonntagnachmittags im Sommer war ich mit in der Stammkneipe meiner Bochumer Freundinnen. Wir saßen dort und plauderten so vor uns hin, als man ein wahnsinniges Schluchzen von einem Tisch in der Ecke hören konnte. Es ging mir richtig ans Herz und ich konnte es nicht ertragen, dass jemand, der weinte, ungetröstet blieb. Auf meinem Rückweg von der Toilette näherte ich mich vorsichtig dem Mädchen, die älter war als ich und die ihren dunklen Lockenkopf auf dem Tisch in ihre Arme vergraben hatte. »Was hast du? Kann ich dir helfen?«, hab ich sie gefragt. Sie drehte den Kopf und blinzelte durch ihre Tränen.

»Nein«, war die Antwort. Es muss sich dann aber doch ein Gespräch ergeben haben, an dessen Ende sie mir ihr Buch schenkte, das sie auf dem Tisch liegen hatte. »Deutsche Gedichte und Balladen«, ein dicker grauer Wälzer. Sie schrieb sogar etwas hinein: »Danke für deine Hilfe. Ich habe dich unheimlich gerne – Deine Monika L.« Dieses Buch nahm ich an mich und behandelte es wie einen wertvollen Schatz. Darin standen Gedichte, manche mehr, manche weniger revolutionär, Walter von der Vogelweide, Marie von Ebner-Eschenbach, Matthias Claudius und viele andere. Ich las Gedichte wie dieses von Johann Gottfried Herder:

Ein Traum, ein Traum ist unser Leben
auf Erden hier.
Wie Schatten auf den Wogen schweben
und schwinden wir,
und messen unsere trägen Tritte
nach Raum und Zeit;
und sind (und wissen's nicht) in Mitte
der Ewigkeit.

Und ich schrieb Gedichte oder ich probierte es zumindest. Und in mein Tagebuch schrieb ich auch von meiner ausweglosen Situation, als einsame, sehnsüchtige Jugendliche, die niemand versteht.

3. Perlen auffädeln
Eine Sache, die ich sehr exzessiv betrieb, war das Auffädeln von Kleinstperlen. Ich habe heute noch die meterlangen, blau-schwarz-silbernen Ketten, die ich in stundenlanger, kontemplativer Kleinarbeit in dieser Zeit, auf meiner schwarzen Cordmatratze sitzend, herstellte. Mit jeder Perle sicherer, etwas Einzigartiges zu schaffen, individuell, unverwechselbar, Muster bildend, Spuren hinterlassend.

4. Zeit totschlagen
Dann pflegte ich eine Zeit lang fast täglich ein regelrechtes Zeit-Totschlag-Ritual: Ich ging 35 Minuten zu Fuß in die Stadt, die City of Hagen, dort stand auf der Elberfelder Straße direkt vor dem

Kaufhof ein älterer Mann mit Brille und Glatze und verkaufte Softeis mit Schokoladenüberzug. Sogenannte Eisneger. Damals machten wir uns über die politische Inkorrektheit dieses Ausdrucks noch keine Gedanken. Auf jeden Fall holte ich mir bei diesem Mann, den ich jetzt nicht besonders sympathisch fand, ein Eis und lief den ganzen Weg wieder zurück nach Hause. Einmal war ich mit meinem Vater in der Stadt und bat ihn, mir dort ein Eis zu spendieren. Ich habe ihm gesagt, dass ich öfter dort hingehe, aber ich glaube, das Ausmaß meiner Gänge und die Einsamkeit, die ich dabei empfand, ahnte er nicht. Als er den Herrn freundlich anlächelte und ich mein Eis bestellte, machte der Eismann auf den Schokoladenüberzug noch einen Eisklecks extra. Das hatte er vorher nie gemacht – obwohl ich es alleine vielleicht mal dringender gebraucht hätte –, und ich kann mich auch nicht erinnern, dass es nachher noch mal vorgekommen ist.

 »Langeweile« nennt es der Journalist und Drehbuchautor Jens, 48, Vater von drei Kindern. Er selbst war Einzelkind und ging tagsüber in ein Jungeninternat. »Ich verdanke im Prinzip meiner Pubertät, dieser unfassbaren Ödnis und dem Mangel an Mädchen, meinen Beruf. Ich war so am frühen Abend zu Hause, da war ich meistens sehr abgefischt, weil ich den ganzen Tag im Internat irgendwelche Leute um mich hatte, da hab ich dann viel gelesen und geschrieben. Ich wohnte in einem Kaff. Niemand aus meinem Dorf ging auf meine Schule. Ich saß eigentlich da rum und hab mir unheimlich viele Sachen ausgedacht, wie ich die Zeit totkriege. Ich hab viel geschrieben, viel gelesen, aber ich hab auch viel den Ball alleine gegen die Wand geschossen …«

Natürlich fühlen sich auch heute Jugendliche einsam oder wissen nicht recht, was zu tun ist. Eine Gratwanderung zwischen Einsamkeit und vielleicht sogar produktiver Langeweile. Wie füllen Jugendliche das heute? Möglicherweise liegt da die wichtigste Erklärung für die Magie der Smartphones. Das Zaubermittel gegen Einsamkeit und Ödnis. Wenn es klingelt, und sei es nur die Fußball-App, die das neueste Transfergerücht beim BVB ausspuckt, bin ich nicht alleine. Es klingelt bei mir. Jemand denkt an mich.

Mädchen reden mehr, chatten mehr, sind mehr in Kontakt mit anderen als Jungen. Deshalb erleben möglicherweise mehr Jungen als Mädchen einsame Phasen in dieser Zeit. Was Eltern machen können, sind Angebote. Da sein, ohne zu nerven, wenn es mal ein Fenster gibt, in dem ein Gespräch, ein Austausch, eine gemeinsame Aktion mit dem Jugendlichen möglich ist: bereit sein, ohne zu »glucken«. Nicht leicht bei einem vollen Terminkalender, aber wirkungsvoll.

12. »Jetzt erst recht, Mama.«

Kontaktkiller: Die drei roten Vs

Was geht in den Jugendlichen vor, während sie all den in den Augen mancher Erwachsenen unnötigen Beschäftigungen nachgehen? Während sie rumliegen, daddeln und chillen? Darüber machen sich Eltern Gedanken. Je häufiger sie darüber nachdenken und je mehr die Jugendlichen Beschäftigungen nachgehen, die bei den Eltern als »sinnlos« durchs Raster fallen, je weniger sie verstehen, was das alles soll, desto eindeutiger wird ihr Gefühl, dass sie viel zu wenig von ihren Kindern wissen.

Wie kommen wir an die Kinder ran? Wie erfahren wir, was sie so machen? Aber auch: Wie können wir sie in den Griff kriegen? Das fragen sich Eltern. Was sie empfinden, ist eine große Not. Früher, als die Kinder kleiner waren, haben ihre Kinder ihnen manchmal noch durch Wohlverhalten das Gefühl vermittelt, sie hätten die Kinder im Griff. Spätestens in der Pubertät müssen Eltern sich von dieser Illusion verabschieden. Scheinbar nichts mehr haben wir im Griff. Die machen doch tatsächlich, was sie wollen. Keine Regel wird mehr eingehalten, sie verschwinden im Internet, wir erfahren nichts mehr. Diese zutiefst empfundene Hilflosigkeit führt bei manchen Eltern zu Hyperaktivität. Sie geraten in eine Geschäftigkeit, die Mark Twain möglicherweise gemeint hat, als er schrieb:»Erziehung ist die organisierte Verteidigung der Eltern gegen ihre Kinder.« Sie reden und reden, sie fragen und fragen, sie halten vor und halten vor. Die drei rotenVs: Vorträge, Verhöre und Vorwürfe. Es sind die sicheren Kontaktkiller im Umgang mit den Kindern. Man kann die Rollläden förmlich runterschnellen hören.

Stufe I: Verhöre

Wir betätigen uns als Detektive und beginnen Verhöre durchzuführen:»Was denkst du? Was machst du? Wie war es in der Schule?«

So wollen wir herausfinden, was sich genau beim Schulschwänzen abgespielt hat.

Weil die Jugendlichen die detektivische Haltung hinter unseren Fragen spüren und das sichere Gefühl haben:»Alles, was du sagst, kann später gegen dich verwendet werden«, lassen sich durch diese Methode lediglich Ein- bis Zweiwortsätze wie»nichts« oder wie »wie immer« aus ihnen»herausquetschen«. Auch die weiche Variante, sich vorsichtig nach der Schulabstinenz zu erkundigen:»Sag mal, wie seid ihr denn auf die Idee gekommen? Hattet ihr denn was zu essen dabei? Habt ihr euch auch nicht verlaufen?«, wird von den Jugendlichen schnell als»Falle« enttarnt.

Wenn alle Fragen ins Leere gelaufen sind, folgt Stufe 2.

Stufe 2: Vorträge

Eltern verwandeln sich in Prediger und halten Vorträge. Das geht zum Beispiel so: Wir haben einen langen Text. Den haben wir schon oft vorgetragen, wir können ihn auswendig. Unsere Familienmitglieder mittlerweile auch. Wir erklären also in regelmäßigen Abständen – mindestens einmal täglich beim Abendessen –, warum es Sinn macht, für die Schule zu lernen, warum bestimmte Freunde in unseren Augen nicht der richtige Umgang sind, warum Drogen nehmen eine gefährliche Sache ist. Da rein – da raus.

So schnell geben wir aber nicht auf: Ungefragt geben wir ausführliche Erläuterungen, dass man, ohne sich doch mal hinzusetzen und zu lernen, auch die nächste Klausur wieder verhauen wird und dass man die schöne Zeit nicht einfach so verplempern sollte und dass man sich ein Vorbild an der älteren Schwester nehmen sollte und dass wir, die Eltern, auch arbeiten würden für unser Geld. Dabei verschweigen wir, dass wir das in unserer Jugend auch nicht getan haben, dass wir damals Lernen auch für die überbewertetste Tätigkeit aller Beschäftigungen gehalten haben und dass wir nur nicht am Smartphone gespielt haben, weil wir noch keins hatten. All diese Vorträge haben kurz gesagt den Satz zum Inhalt: »Von nichts kommt nichts.« Wenn die Kinder jetzt noch nicht Reißaus genommen haben, folgt Stufe 3.

Stufe 3: Vorwürfe

Wir schlüpfen abermals in eine neue Rolle. Wir verwandeln uns nach und nach in Moralapostel. Wir beginnen mit leichten Vorwürfen: »Warum gehst du nicht endlich mal raus? Willst du nicht auch mal was für die Schule tun?« Dann steigern wir uns: »Sitzt du schon wieder am Computer?« Wenn das immer noch nicht hilft, werden wir moralisch: »Wir tun doch alles für dich. Wir gehen arbeiten, machen Essen, kaufen dir Handy und Computer und Undankbarkeit ist das, was herauskommt.« Bei den Jugendlichen ist spätestens jetzt der Rollladen völlig dicht. Eine Mutter erzählte, sie habe ihrem Sohn dreißig Mal gesagt, was er tun soll. Dann habe er entgegnet: »Jetzt erst recht, Mama.«

Dieses Vorgehen wiederholt sich in der einen oder anderen Form in manchen Familien fast täglich und wird trotzdem immer wieder angewandt. Das Ergebnis ist jedes Mal niederschmetternd:

Wahlweise endet es im Einigeln des Jugendlichen (»Lass mich in Ruhe«), im Ausflippen beider Seiten (»Mach, dass du auf dein Zimmer kommst« versus »Mama, chill mal«) und im Beleidigtsein beider Beteiligten. Das führt dann wiederum dazu, dass Eltern Angst machende Drohungen ausstoßen (»Du wirst schon sehen«, »Dann kann ich dir auch nicht helfen«) und ihrem Nachwuchs eine trostlose Zukunft prophezeien (»Du wirst später mal Hartz IV-Empfänger«).

 »Ich hatte das Gefühl, dass meine Mutter das, was in mir vorgeht, ganz lange nicht kapiert hat«, erinnert sich Matthias, 49, Vater einer 16-jährigen Tochter und eines 12-jährigen Sohnes. »Meine Taktik war auch immer: Ich diskutier gar nichts. Ich erzähl denen nichts von irgendeinem inneren Zustand, nichts, was mir wichtig ist. Ich halte immer totale Distanz. Das hatte zwei Gründe: Der äußere Grund war, dass die mit ihrer Ehe so beschäftigt waren, mit der Trennung ihrer Ehe und dem ganzen Streit, sodass ich immer das Gefühl hatte: Ich muss mich von denen emotional so ein bisschen abkoppeln. Die sind kein Anker für mich und sind komplett von etwas anderem absorbiert. Ich hatte auch damals schon das Gefühl, ich gerate so in diese Mühlen des Ehestreits … Der zweite Grund war, dass da auch so eine Art Machtgefühl entstand. Ich finde, wenn du deinen Eltern sagst: ›Ihr kommt an mich gar nicht mehr ran‹, dann hast du auch ein bisschen Macht über die. Und ich glaube, das habe ich auch gut gefunden, zu sagen: ›Ich bin in einer Welt, die kennt ihr gar nicht. Die ist viel cooler als eure, die ist auch viel besser. Alles ist da besser. Und ich lass euch gar nicht erst rein.‹

Gleichzeitig gab es eine Bindung: Meine Mutter hat mir immer signalisiert: ›Du bist unheimlich wichtig für mich. Ich lieb dich total.‹ Das war immer da. Das war der Grundton, auf dem konnte ich auch bequem surfen.« Und heute? »Wenn ich es jetzt im Rückblick betrachte, würde ich sagen: ›Ihr habt's gut gemacht. Danke, dass ihr meine geschlossene Tür akzeptiert habt. In jeder Hinsicht. Dass sie mich nicht bedrängt haben, über ein bestimmtes Thema zu sprechen. Dafür bin ich ihnen dankbar.‹«

© Anna Egger
www.anna-egger.com

13. »Wenn ich groß bin, möchte ich heroinabhängig werden.«

Das Verhältnis zu Drogen und Alkohol

Zum Thema Rauchen hatte meine Mutter eine eigene Philosophie. Dass uns oder zumindest mich das Thema »brennend« interessierte, muss ihr klar gewesen sein. Als ich 10 oder 11 war, gab sie die Parole aus: »Wer bis 12 noch nicht geraucht hat, der darf mittags nach dem Mittagessen eine mit mir zusammen rauchen.« Mein Bruder und ich machten von diesem Angebot Gebrauch. Stolz genossen wir die Tage, an denen meine Mutter nicht mit meinem Vater erst um halb drei, sondern eine Stunde vorher schon mit uns zu Mittag aß und genüsslich mit uns an unserem runden Esstisch eine Menthol-Zigarette rauchte. Wir zogen in diesen heiligen Momenten mit dem Gefühl, erwachsen zu sein, an den Zigaretten und pusteten den Rauch gleich wieder aus. Es war uns etwas ungemütlich und Menthol nicht so wirklich lecker. Außerdem kratzte der Rauch im Hals und manchmal mussten wir husten, aber egal. Meine Mutter kommentierte uns nicht, sie ließ uns einfach stolz sein und den Moment genießen. Möglicherweise in der Hoffnung, dass der Reiz zu rauchen auf diese Weise bei uns nachlassen würde. Das Gegenteil passierte. Dieses waren große Momente, die wir auch später immer wieder herbeiführten.

In unserer katholischen Nonnenschule wurde das Rauchen ebenfalls gefördert. Es gab ein Raucherzimmer für die Schülerinnen. Ab der Oberstufe war man erwachsen, man durfte endlich in diesen einmaligen, wunderbaren Raum, aus dem es qualmte und der einfach mit einem Stuhlkreis und ein paar Aschenbechern ausgestattet war. Hier traf man Gleichgesinnte. Ein Paradies. Ich hatte ab diesem Zeitpunkt immer eine feste Anlaufstelle in der Pause und konnte sicher sein, eine meiner Freundinnen aus den Parallelklassen oder aus der Stufe über mir dort zu treffen. Die einsamen Pausengänge hatten ein Ende. Rauchfreie Schule, das hätte sich damals niemand vorstellen können, geschweige denn umsetzen mögen. Diese Idee ist vergleichsweise neu und hat sich erst viel später aus der allgemeinen gesundheitsorientierten Anti-Rauch-Haltung entwickelt. Die seelische Gesundheit, wie soziale Kontakte oder weniger Einsamkeit, wurde bei der Entwicklung der heutigen Anti-Rauch-Haltung sicher nicht berücksichtigt. Wahrscheinlich weil es keine Studien dazu gibt. Jeder Zehnte in Deutschland stirbt an den Folgen des Rauchens, eine alarmierende Zahl. Aber wie viele sterben an den Folgen von Einsamkeit? Das wäre auch mal interessant. Dann könnte man immer noch überlegen, was man den Schülerinnen und Schülern anstatt eines Raucherzimmers anbietet. Ein E-Zigaretten-Zimmer zum Beispiel oder eines für freie philosophische Diskurse oder einen Raum, in dem man Interessierten in der Pause seinen neuesten Lieblingssong vorstellen kann.

Für Alkohol war mein Vater zuständig. Er gab die Tradition seines Vaters an uns weiter und die lautete:»Mein Vater hatte die Philosophie: Wenn die Kinder zu Hause kontrolliert mit dem Vater ein Glas Wein trinken, dann werden sie es nicht außerhalb unkontrolliert tun.« Er erzählte uns in liebevoller Erinnerung, wie mein Opa sich mit meinem damals 10-jährigen Vater und dessen 12-jährigen Bruder zu besonderen Momenten gelegentlich gemütlich aufs Sofa gesetzt und ein Gläschen Wein mit ihnen getrunken habe. Für meinen Vater waren das große Momente, zumal er das Gefühl hatte, er habe sich da mit zehn eher reingemogelt in die Runde, eigentlich sollte einem diese besondere Zuwendung erst ab zwölf Jahren zuteilwerden. Wenn er uns darüber erzählt hat, schmunzelte er immer noch und fühlte sich seinem Vater nah, von dem er nicht allzu viel hatte, zumal dieser später lange in Kriegsgefangenschaft war. Auf jeden Fall hat mein Vater diese Erziehungsmaßnahme für absolut gut und richtig befunden und sie auch bei uns angewendet: Wenn wir fragten, durften wir meistens an seinem Glas Wein, Bier oder Schnaps nippen, auch wenn unsere Schnapsproben von einem leichten Aufschrei meiner Mutter begleitet wurden. Für uns ein spannender Moment. Spannend auch, weil wir nicht wussten, ob meine Eltern jetzt darüber in Streit geraten würden. Und so lösten wir den Spagat, indem wir vorsichtig probierten und uns dann nach einem Tropfen angewidert abwandten: »Iiieeh«. Es schmeckte tatsächlich nicht.

Der erste heftige, unkontrollierte Rausch war auf diese Weise allerdings nicht zu verhindern gewesen. Er kam mit 14.

Es war ein Mariacron-Rausch und für den hatte unter anderem ein Trupp Chinesen gesorgt, der im China-Restaurant in Hagen arbeitete. Meine Freundin Rona, die in der Zeit meine richtig beste, unzertrennliche Freundin war und die Parallelklasse besuchte, hatte die »Connection«, weil ihre ältere Schwester mit einem Thailänder zusammen war und die Chinesen waren die Freunde eben dieses Schwagers. Ich weiß nicht mehr wie und warum wir dort gelandet sind, aber ich weiß, dass wir dort in kürzester Zeit betrunken waren und irgendwo herumgelegen haben, dass es mir kotzschlecht war und ich nur eines wollte: sofort auf der Stelle sterben. Ich weiß nicht, wie wir da raus und nach Hause gekommen sind. Rona erinnert sich, dass wir uns beide »die Seele aus dem Leib gekotzt haben« und ich immer gerufen hätte: »Ich sterbe, ich sterbe«. Ihre Schwester, die gerade eine Ausbildung zur Krankenschwester machte, hätte versucht, mich wieder auf den Teppich zu holen, indem sie mir erklärte: »Mach dir keine Sorgen, du stirbst nicht. Die Leute, die sterben, haben ein weißes Dreieck um die Nase, das hast du nicht.« Keine Ahnung, wie sie auf diese hilfreiche Weisheit kam. Egal – sie hat geholfen. An meinen Schwur: »Nie mehr im Leben Mariacron«, kann ich mich noch gut erinnern. Bis heute habe ich von dem Zeug nichts mehr angerührt.

Aber es kamen noch weitere Räusche, und die waren von Apfelkorn, Bier oder Rotwein verursacht.

Drogen waren für mich von vornherein keine Sache, die ich mir langfristig für mein Leben vorstellen konnte. Aber probieren musste ich sie natürlich schon, allein um mitreden zu können. Erwachsenwerden ist das Thema der Pubertät und Erwachsenwerden zeichnet sich auch dadurch aus, dass man mitreden kann, dass man ernst genommen wird und dafür muss man Ahnung haben. Und »Ahnung« kriegt man unter anderem durch Erfahrung, und zwar durch eigene. An Joints habe ich in der Regel nicht gezogen, nur ein- oder zweimal zaghaft probiert, aber nichts gemerkt. Bei meinen älteren Freunden ging manchmal ein Joint rum, den ich, wenn ich an der Reihe war, weitergab. Ich glaube, sie waren selbst erleichtert, dass sie mich als 15-/16-Jährige nicht dazu anstifteten. Ich wollte nicht, dass mir schlecht wird oder ich ohnmächtig würde. Kiffen war mir unheimlich. Joints waren damals verpönter als heute, krimineller, verbotener und deshalb natürlich umso reizvoller, obwohl ihre Zusammensetzung in der Regel harmloser war, als sie es heute ist. Trotzdem: Joints waren nichts für mich. Aber einen Trip wollte ich mal schmeißen. Ich hatte zwar totalen Schiss davor, war aber gleichzeitig auch meganeugierig. Deshalb gab es dieses einmalige Experiment. Am Anfang war es total lustig, gegen Ende wurde es ein Horrortrip.

Als wir so 13 oder 14 waren, sind wir mit meiner Mutter, ohne meinen Vater, an den Bodensee gefahren. Einmal durfte meine Freundin mit. Und Rona und ich lernten zwei sehr nette Jungs kennen, die in Hagnau auf dem Campingplatz ihre Ferien verbrachten. Schmus und Schnuff hießen sie und mit ihnen verbrachten wir unsere Tage – und wenn möglich auch einen Teil der Nächte. Einmal jedenfalls hatten wir uns am See bei Mondschein mit ihnen verabredet. Nachdem wir im Bett waren, meine Mutter wähnten wir auch dort, schlichen wir uns an den See und trafen die Jungs am Strand, um mit ihnen die Sterne zu zählen. Als wir um 3 Uhr morgens zurück in die Pension kamen, saß meine Mutter vor unserem Zimmer auf der Treppe und wartete. Ich sah ihre Umrisse und brauchte dennoch ein paar Zehntelsekunden, um zu realisieren, dass sie es war. Sie war echt in Sorge. Es war unmissverständlich, dass diese sonst so tolerante, liebevolle Frau das gar nicht lustig fand. In dieser Nacht drohte sie Rona sogar an, dass sie sie nach Hause schicken würde, wenn das noch mal vorkäme. Die Stimmung war echt angespannt, aber das hielt nicht lange an. Natürlich wussten alle in der Pension Bescheid, und ich glaube, die Blicke der Pensionswirtin waren strenger als die meiner Mutter. Rona, die täglich Tagebucheintragungen machte, notierte jedenfalls schon am folgenden Tag: »Frau Raffauf hat mit uns geredet und es war wieder alles in Butter.« Diese Jungs, Schmus und Schnuff, wie sie sich nannten, mit bürgerlichem Namen Peter und Paul oder so, waren sehr nett und schwäbelten. Rona hatte mehr mit Schnuff zu tun und ich mehr mit Schmus. Und sie wiederum hatten gelegentlich mit Drogen zu tun. Jedenfalls schickten sie mir ein paar Wochen nach diesem Urlaub per Post zwei Trips. Ein Indianergeschenk. Das musste natürlich gewürdigt werden. Als Partnerin, mit der ich dieses Geschenk würdigen konnte, eignete sich niemand besser als meine Freundin Doro, die schon einige Drogenerfahrung gemacht hatte und sehr experimentierfreudig war. Dazu nahmen wir ihren Freund Thomas und Alex, einen weiteren Freund aus der »jüngeren« Clique, mit. Wir verabredeten uns an einem Sonntagvormittag nach dem Frühstück, um gemeinsam in den Wald zu gehen. Wir hatten ein Picknick dabei, und das hatten wir auch unseren Eltern erzählt, dass wir ein Picknick im Wald machen wollten. Als wir eine geeignete Stelle, so eine Art Lichtung mit Baumstämmen, gefunden hatten, breiteten wir unsere Decke aus und jeder bekam eine halbe Tablette aus meinem wohl gehüteten Briefumschlag. Und das war am Anfang richtig »cool«. Auch wenn es das Wort in der deutschen Sprache damals noch nicht gab. Die psychedelische Wirkung breitete sich in unseren Gehirnen aus. Wir sahen Regenbogen, lange Sonnenstrahlen, Bäume hatten buntschillernde Äste und wir unterhielten uns stundenlang über die Beschaffenheit eines Blattes. Es war wirklich stundenlang, denn erst als es dunkel wurde, entschieden wir uns, nach Hause zu gehen, und zwar alle zu Doro. Dort müssen wir noch länger in ihrem Zimmer rumgehangen haben und über alle Gegenstände, die wir sahen, gelacht und gekichert haben, bis mir einfiel, dass ja Sonntag war und sonntags gab es bei uns Familienessen. Jeden Sonntagabend mussten wir zu Hause sein, um mit meinen Eltern gemeinsam zu essen. Das war meinem Vater heilig und er achtete streng auf die Einhaltung dieser von ihm aufgestellten Regel. Mir war aber klar, dass ich in dieser Verfassung unmöglich normal mit meinen Eltern am Tisch sitzen und zu Abend essen könnte. Also entschloss ich mich, anzurufen. Das war eine ziemliche Überwindung, weil ich seine Antwort eigentlich schon kannte. Aber ich musste es machen: »Darf ich noch länger bei Doro bleiben und hier essen?«

»Nein«, entgegnete mein Vater. »Du kommst sofort nach Hause.«

Damit schlug meine Stimmung um. Alex begleitete mich Gott sei Dank auf dem normalerweise halbstündigen Fußmarsch nach Hause, der hauptsächlich über eine belebte Hauptstraße ging. Wir brauchten mindestens eineinhalb Stunden, weil wir vieles so komisch und so aufregend und so beängstigend zugleich fanden, immer wieder stehen blieben und uns über unsere Entdeckungen austauschten. Die Scheinwerfer der Autos zum Beispiel waren unendlich lang und bedrohlich.

Zu Hause hatten meine Eltern lange Nasen und lange Schuhe, mein Vater schimpfte, dass ich so spät war, und ich provozierte den Streit, indem ich mich ausgiebig darüber beschwerte, dass ich hatte nach Hause kommen müssen. Die Provokation funktionierte, und so wurde ich davon entbunden, mit am Familientisch sitzen zu müssen. »Ohne Essen ins Bett«, lautete die verhängte Strafe, die mir in diesem Moment wie eine Erlösung vorkam. Meine Familienmitglieder mit ihren langen Nasen und lauten Stimmen machten mir Angst. Ich fürchtete, dass man mir etwas anmerkte, zumal mein Vater als Psychiater ja mit Junkies auch beruflich zu tun hatte und sich auskannte. Aber das hat er nicht gemerkt, wahrscheinlich konnte er es sich von mir nicht vorstellen, zumindest hat er mich nie darauf angesprochen. Ich habe noch bis ungefähr nachts um vier auf meiner schwarzen Matratze gesessen und vor mich hingestarrt, versucht Perlen aufzufädeln, was mir aber nicht gelang, und dann noch etwas in mein Tagebuch gekritzelt.

Ich habe nie wieder einen Trip geschmissen und Fixen habe ich gar nicht erst ausprobiert. Das war die Grenze. Davor hatte ich Schiss. Meine Freundin Doro nicht. Sie setzte sich häufiger einen Schuss, auch in meinem Beisein, aber das fand ich nicht mehr lustig. Abgesehen davon, dass ich viel zu viel Angst hatte, mich selber zu spritzen, wusste ich zumindest rein theoretisch, dass da der Spaß sehr schnell zu Ende gehen konnte. Die drastischen Vorträge meines Vaters hatten doch ihre Wirkung getan. Ich verlegte mich darauf, wechselweise mit einer anderen Freundin Doro von ihren Grenzgängereien abzubringen. Irgendwann hat sie zum Glück damit aufgehört.

Drogen haben einen Reiz, natürlich auch auf Jugendliche. Und das hat manchmal nicht nur mit ihrer vorübergehend euphorisierenden Wirkung zu tun, sondern auch mit dem Image, das sie haben.

Manuela, Mutter von zwei Kindern, war in ihrer Jugend völlig begeistert davon und wollte sogar beruflich in diese Richtung: »Ich lag im Krankenhaus und hab mir die Mandeln entfernen lassen, und an einem Abend kam dann im Krankenhausfernseher ›Wir Kinder vom Bahnhof Zoo‹, da war ich 14 oder 15. Der Film hat mich total angesprochen. Vor allem die Atmosphäre und auch so dieses ›Ich-bin-ganz-alleine-auf-der-Welt‹-Ding, weil ich mich auch oft so gefühlt habe. Es gab ein paar Schlüsselszenen, zum Beispiel wo sich die Hauptfigur dann die Haare rot gefärbt hat und dann in der Badewanne liegt mit ganz viel Schaum, 'ne Kippe raucht und dann mit der Kippe im Mundwinkel ins Wasser rutscht. Das fand ich total cool. Sie war auch so selbstbestimmt. Sie konnte jetzt alleine entscheiden, ob sie aufs David-Bowie-Konzert geht oder nicht. Die konnte alleine entscheiden, ob sie sich jetzt die Haare hennarot färbt oder nicht. Dann hatte sie ja immer so ein paar Wegbegleiter, das war so dieser enge Junkie-Kreis, das war ja auch irgendwie eine Art Familie, aber eher so eine selbst gesuchte Familie, die sie sich da auserkoren hat, und auch so diese scheinbare Autonomie fand ich sehr ansprechend. Ich fand auch diese düstere Atmosphäre total schön. Und als sie dann anfängt, Heroin zu spritzen – ich fand es irgendwie cool, auch dieses ganze Ritual, sich den Arm mit 'nem Gürtel abzubinden und so, das wirkte alles so strukturiert, und dann dachte ich mir: Wenn ich groß bin, möchte ich auch mal Heroinjunkie werden. Also das war mein großes Ziel. Entweder Friseurin oder heroinabhängig. Das wär schön gewesen, aber leider funktionierte das nicht wegen meiner großen Angst vor Spritzen.« Manuela ist Friseurin geworden.

Locker und mutig

Alkohol und Drogen – Teufelszeug und Angstgegner für Eltern, wenn sie es sich in der Hand oder besser gesagt im Körper ihrer Kinder vorstellen. Jugendliche müssen ausprobieren, welches Verhältnis zu Drogen und Alkohol sie einnehmen werden. Ein ganz lockerer Satz des dänischen Familientherapeuten Jesper Juul. Einerseits. Ausprobieren, Erfahrungen sammeln ist etwas anderes als alkohol- oder drogenabhängig zu werden. Wenn Jugendliche häufiger trinken und Joints rauchen oder Pillen nehmen, ist, wenn sich nach Feststellung dieser Tatsache die erste Panik gelegt hat, die Frage: Warum? Was bringt ihnen das? Warum machen sie das? Warum trinken Menschen mehr Alkohol, als sie vertragen? Es gibt mehrere Antworten, und wenn wir uns selbst fragen, wann, in welcher Situation wir Alkohol trinken und was wir uns davon erhoffen, kommen wahrscheinlich mehrere Antworten dabei heraus: aus Geselligkeit, weil es so gut schmeckt, zur Entspannung, um runterzukommen nach einem anstrengenden Arbeitstag. Vielleicht sind die Gründe nicht so weit entfernt von denen der Jugendlichen: Sie sind neugierig, wollen ausprobieren, was passiert, wenn man mal nicht so kontrolliert ist, und sie erfahren auch: Man wird erst mal lockerer und mutiger, es geht leichter auf der Party, das Mädchen seiner Träume anzusprechen, man ist nicht mehr so unsicher. Für eine Zeit kann man vergessen, dass es in der Schule nicht so gut läuft oder zu Hause ständig Krach zwischen den Eltern ist. Und: Man gehört dazu. Ich trinke auch, ich trau mich was, ich vertrage viel. Auch für immer mehr Mädchen ein Grund, Alkohol zu trinken. Ein Drogenberater, der Kinder und Jugendliche, die wegen Komasaufens in die Klinik eingeliefert werden, betreut, erzählte mir, dass mehr Mädchen als Jungen dort auflaufen. Einerseits, weil Mädchen nicht so viel vertragen wie Jungs, andererseits, weil sie dazugehören wollen. Weil sie mit einem gewissen Stolz sagen können: »Gekotzt habe ich auch schon mal.«

»Früher«, so sagt die Mädchenforscherin Claudia Wallner, hieß es: »Jungen weinen nicht.« Heute heißt es: »Mädchen weinen auch nicht.« Früher mussten Mädchen schön sein und Jungs cool. Heute müssen beide beides sein.

Ich wollte damals auch cool sein und groß und akzeptiert werden, besser noch Vorreiterin einer ganz neuen Lebensart sein, von der ich allerdings selber wenig Vorstellung hatte, wie sie aussehen sollte, außer: anders. Alkohol kann da helfen.

Ausprobieren ist nicht von Dauer. Ausprobieren ist Lebenserfahrung, Kennenlernen von Leben, das ist gut und wichtig. Wenn das Verhältnis zum Alkohol oder zu Drogen auf Dauer ein sehr enges wird, dann ist es etwas anderes. Dann sollten oder, besser gesagt, müssen die Alarmglocken bei den Erziehungsberechtigten klingeln.

Es gibt Eltern, die wollen jeglichen Kontakt ihrer Kinder zu Alkohol und Drogen verhindern. Vergessen Sie es. Wenn Sie den Alkohol verteufeln, laufen Sie Gefahr, dass er nur durch Ihre Haltung für Ihre Kinder doppelt und dreifach interessant wird. Das funktioniert so ähnlich wie mit den falschen Freunden. »Hey, das ist verboten, das muss ja was sein.« Es gibt Eltern, die fahren eine komplett andere Strategie: Sie servieren ihren Kindern schon früh ein Bier oder einen Spumante, nicht als simple Initiation, mit Blick auf das Kind, sondern um sich selbst bei den Jugendlichen interessant zu machen oder sich selbst die Illusion zu geben: »Ich bin ein cooler Vater, ich trinke mit meinen Kindern.«

Ich erinnere mich an einen Vater in der Elterngruppe, der seine Tochter und deren Freundin zum 12. Geburtstag nachts weckte, um mit ihnen feierlich mit Sekt anzustoßen. Also aufdrängen müssen wir die Rauschmittel unseren Kindern nicht und sie schon gar nicht dafür mit 12 Jahren aus dem Bett schmeißen. Andere Eltern machen das Alkoholtrinken für die Kinder zur Regel mit genauen Maßangaben. Maximal fünf Bier auf der Kirmes. Das setzt manche Jugendliche unter den Druck, auf keinen Fall unter der ausgemachten Grenze zu liegen, besser darüber. Noch andere sind ganz »cool« und bitten ihre Kinder, ihnen was zu »Rauchen« zu besorgen. Hallo, haben die den Schuss nicht gehört? Wieder andere kriegen es gar nicht mit, was mit ihren Kindern vorgeht. Sie warten lange, bis sie bemerken: Irgendwas stimmt hier nicht. Ihr Kind guckt oft so komisch, liegt apathisch auf dem Bett, zieht sich zurück und nimmt an keinem Gespräch mehr teil. Wenn sie dann die Vermutung haben, dass dieses Verhalten damit zu tun haben könnte, dass es Drogen nimmt, kommt Panik auf. Die Eltern werden unsicher, sie fangen an zu kontrollieren, Schubladen, Schulranzen, Handyverläufe werden akribisch durchforstet, sie machen Vorwürfe: »Was liegst du den ganzen Tag so apathisch herum?« Sie führen Verhöre durch und sie halten Vorträge darüber, was alles passieren kann, wenn man Drogen nimmt oder sich dem Alkohol hingibt. Wenn Eltern auffällt, dass die Kinder sich verändern, die Augen sehen anders aus, sie werden lethargisch, reagieren oft unkontrolliert, dann müssen sie hingucken. Nicht detektivisch, sondern klar, bestimmt und gleichzeitig empathisch. Den Kindern sagen, dass sie Veränderungen an ihnen beobachten und dass sie sich Sorgen machen. Sie müssen sie fragen, was mit ihnen ist, Gespräche und Unterstützung anbieten. Und nicht allein bleiben mit der Sorge, sich Hilfe suchen. Bei Freunden, Bekannten, Verwandten und gemeinsam mit den Kindern in die Drogenberatung gehen. Wenn die Kinder nicht mitwollen, auch alleine.

14. »Ich such mir meine eigene Familie.«

Die Freunde der Kinder

 Das Erste, was Tanja, Mutter von zwei Kindern in der Pubertät, zu ihrer eigenen Pubertät einfällt, sind Freunde. »Die Eltern wurden ganz schnell unwichtig. Man hat nicht mehr verstanden, was sie von einem wollen und warum sie so nerven. Man hatte eben auch gar kein Interesse mehr, was sie so machen. Jetzt fällt mir im Rückblick auf, dass ich gar nicht wusste, was meine Eltern die ganze Zeit gemacht haben. Das hat mich auch überhaupt nicht interessiert. Ich glaube, ich hab die überhaupt nicht wahrgenommen. Das Einzige, was jetzt zählte, waren Freunde und was da passierte. Dass man nach Hause kommt und zum Beispiel denkt: ›Hat der den angeguckt?‹ und ›Der hat dem gesagt, auf wen er steht.‹ Völlig universumsbeherrschend. Eine Mutter, von der du Sätze im Ohr hast, wie: ›Hast du deine Wäsche runtergetragen?‹, ›Hast du den Papierkorb ausgeleert?‹, ›Kannst du nicht mal das oder jenes machen?‹ Völlig nebensächlich. Überhaupt nicht wichtig. Nur nervig. Überflüssig und nervig. Nach der Schule hab ich ›hallo‹ gesagt und dann bin ich schnell wieder in meine eigene Welt abgetaucht oder direkt wieder rausgegangen. Meine Eltern fanden auch immer alle meine Freunde, die ich angeschleppt habe, blöd. Dann haben die mir immer Vorschläge gemacht: ›Ja, mach doch mal was mit dem. Der ist doch so nett und der grüßt immer so freundlich.‹ Aber das hat mich nicht interessiert, ich fand immer die Typen toll, die meine Eltern nicht leiden konnten.«

Schlechter Umgang

Wenn Eltern über das Verhalten ihrer Kinder verzweifeln, darüber, dass die so unverschämt sind, sich nichts mehr sagen lassen, sich an keine Regel mehr halten und der Schule wenig bis gar keine Aufmerksamkeit mehr schenken, dann suchen sie nach Gründen, die möglichst außerhalb der Familie liegen. Meistens kommt dann »der schlechte Umgang« der Kinder ins Spiel: »Die anderen sind schuld, dass mein Kind auf die schiefe Bahn gerät. Dieses Mädchen, die verführt sie immer dazu, einfach länger wegzubleiben, als abgesprochen, nicht anzurufen, Alkohol zu trinken, zu stehlen«, klagen Eltern zum Beispiel über die Freundin ihrer Tochter. Oder: »Der Freund ist zu alt und seine Eltern kümmern sich gar nicht um ihn, er darf zu Hause machen, was er will.« Meine Kollegin Angela Krüger meinte dazu: »Alle Eltern, die in die Beratungsstelle kommen, weil es mit den Kindern Probleme gibt, sagen: Es liegt am schlechten Umgang.«

Fragt sich, wer das sein soll, der schlechte Umgang? Der gute Teil dieser Annahme ist, dass die Eltern zu ihrem Kind stehen. Sie schützen es und sich selbst gleich mit. Das Blöde daran: Es kommt zu keiner Selbsterkenntnis, die uns in die Lage versetzen würde, etwas zu verändern. »Wir können andere Menschen nicht verändern, aber wenn wir uns anders aufstellen, verändert sich etwas«, wäre eine hilfreiche Erkenntnis. Eltern sind besorgt und ratlos darüber, dass ihre Kinder ihnen nicht mehr so folgen, wie sie es vielleicht früher gemacht haben. Vielleicht sind sie auch gekränkt, weil die Kinder jetzt andere Personen in ihre Geheimnisse einweihen und sie, die Eltern, nicht mehr Vertrauensperson Nummer eins sind. Und in ihrer Ratlosigkeit machen die Eltern vielleicht die Freunde schlecht, verbieten den Kindern den Umgang mit ihnen und lassen sie nicht in ihre Wohnung. Aber, was glauben Sie, was passiert? Die Kinder lassen nicht von den Freunden ab. Im Gegenteil. Sie werden noch interessanter. »Schlechter Umgang ist gut«, könnte die Botschaft sein, die bei den Kindern ankommt. Wenn die Eltern, die ja gerade ziemlich blöd sind, diese Freunde blöd finden, dann müssen sie ja gut sein … und die Eltern noch blöder, weil sie einem alles verderben, was einem wichtig ist, was man sich selbst ausgesucht hat, was zu einem gehört, wo man sich akzeptiert fühlt.

Hier finden sie vielleicht etwas, das sie zu Hause nicht erleben, Anerkennung, Aufregung, Freiheit. Die Freunde zeigen ihnen eine neue, spannende Welt. Da wäre es blöd, von ihnen abzulassen. Also werden sie noch interessanter. Dann trifft man sich eben heimlich, das ist sowieso viel aufregender. Was käme wohl dabei heraus, wenn Eltern ihre Kinder fragen würden:»Was magst du an deinen Freunden?«

»Die verstehen mich (im Gegensatz zu euch). Die sind so wie ich. Die wollen mich nicht ummodeln. Die sind aufregend (im Gegensatz zu euch Langweilern).« Alles klar? Es ist strikt verboten, die Freunde der Kinder schlecht zu machen. Denn damit machen wir einen Teil unserer Kinder schlecht. Sie haben sich diese Freunde ausgesucht.

Meine Eltern haben einen Teil meiner Freunde maximal geduldet. Wahrscheinlich weil sie wussten, dass sie nichts dagegen machen konnten. Ich hatte ziemlich viel »schlechten Umgang«. Das »Schlechte« an ihnen war vor allem ihr Alter. Und ich wusste, dass mindestens meinem Vater das überhaupt nicht recht war. Und so traf ich mich mit ihnen, lud sie auch zu uns ein, gerne auch über Nacht, besonders gern, wenn meine Eltern nicht da waren. Meine Clique bestand in der Zeit, als ich zwischen 13 und 14 war, aus einer Truppe Motorradfahrern aus Bochum, die alle mindestens vier bis fünf Jahre älter waren als ich. Einmal habe ich die gesamte Clique, ungefähr 12 Leute, darunter sieben Motorradfahrer, zu einer Spontanversammlung zu uns nach Hause in den Keller eingeladen. Meine Eltern waren für einige Tage nicht da. Eine ältere Dame wohnte noch bei uns im Haus, aber sie konnte nicht so gut laufen und in den Keller kam sie nicht. Wir »killten« einige Flaschen Wein und den einen oder anderen Kasten Bier aus dem Vorratskeller meiner Eltern, machten ein großes Gelage in unserem sogenannten Partykeller und morgens organisierte ich aus unserem Haushalt Frühstück für alle. Natürlich erfuhren meine Eltern alles. Es gab ja schließlich Nachbarn und es standen ja jede Menge Motorräder vor der Tür. Und es gab auch Ärger. Aber mir war es egal, vielleicht hab ich es sogar provoziert, dass sie es erfahren sollten.

Ab 15 hatte ich eine Clique, in der der Jüngste, Hartwig, mein Freund, sechs Jahre älter war als ich. Meine Eltern waren ernsthaft über meinen Umgang in Sorge. Mein Vater, der normalerweise beruflich und privat sehr beschäftigt war, hat damals mehrmals Wert darauf gelegt, mich zu irgendwelchen Treffen mit »ominösen« Freunden persönlich hinzufahren, um zu sehen, dass ich dort ankomme und mit wem ich mich treffe, oder zumindest, wo ich mich treffe. Einmal wollte ich zu Bobbi, einem 26-jährigen Lehrer mit Vollbart, den ich ganz toll fand. Mein Vater fuhr mich dorthin, um sich später eine Notiz auf seinen Nachttisch zu legen, auf dem neben Adresse und Namen auch die genaue Lage der Haustür, »Seiteneingang«, vermerkt stand. Mir hat dieses ungewöhnliche Verhalten meines Vaters, abgesehen davon, dass ich es nach außen lästig und unnötig und überflüssig fand, auch ein Gefühl vermittelt, das mir gar nicht so unangenehm war, auch wenn ich das niemals zugegeben hätte: »Ich bin ihm nicht egal. Er interessiert sich für mich.« Ein ziemlich gutes Gefühl war das sogar.

Mein erster langjähriger Freund Hartwig war Teil dieser Clique. Wir waren immerhin 15 Jahre mit Unterbrechungen zusammen. Er hat mir die Heroes des Rhythm and Blues und Rock'n Roll vorgestellt. Die Animals, die Doors, die Stones; also «Mothers little helper« und «Let's spend the night together, L.A. Woman, Riders in the storm« und «Sympathy for the devil«. Und er hat mich zu meinem ersten großen Konzert mitgenommen. Muddy Waters, King of Rhythm and Blues und Inspirator vieler Rockbands gastierte in der Dortmunder Westfalenhalle. Ich weiß noch, wie mir die Tränen kamen, als dieser ältere Herr, in grauer Weste und weißem Hemd, die Ärmel hochgekrempelt und mit einer silbernen Klammer gehalten, auf einem Barhocker sitzend, mit seiner Band die Halle rockte. Das war die Welt, die mich interessierte. Als ich dann kurz darauf meine erste Karte für ein Stones-Konzert hatte, waren wir genau am Abend des Konzerts mit der Schule auf Klassenfahrt in Nürnberg, wo wir in einer alten Burg mit dicken Mauern untergebracht waren. Ich hatte die Stones-Karte meiner

Schwester gegeben und habe meine Wut und meine Tränen darüber, dass ich dort eingekerkert war, während das wahre Leben woanders tobte, in Alkohol ertränkt.

Beim Thema »Umgang mit den Freunden der Kinder« fällt mir meine Tante Josi ein. Sie hatte eine komplett andere Strategie. Sie machte die Tür weit auf. »Ich muss zu den Freunden meiner Kinder fast noch netter sein als zu meinen Kindern, denn so mache ich es meinen Kindern leicht und gleichzeitig bekomme ich etwas mit von ihnen.« Tante Josi und Onkel Fritz hatten drei Kinder. Einen Sohn und zwei sehr hübsche Töchter. Die Verehrer, damals auch gerne langhaarig und in Lederjacke, standen Schlange bei den Töchtern Susanne und Barbara. Und: Tante Josi konnte gut backen. Also backte sie und lud alle Freunde zum Kaffee ein. Und da saßen sie dann in ihrer Lederkluft an Tante Josis weiß gedeckter Tafel und aßen ihre frisch gebackene, manchmal mehrstöckige Sahnetorte. Und Tante Josi wusste Bescheid. Und ab und zu konnte sie sich auch eine Meinung erlauben.

Beste Freundin

Meine Freundinnen fand ich irgendwann in den Parallelklassen oder in der Stufe über mir. Meine absolut beste und unzertrennlichste Freundin im Alter von 14 war Rona. Wir waren zusammen, so oft es irgendwie ging, telefonierten stundenlang, haben beieinander übernachtet, und uns alles, wirklich alles erzählt und uns täglich unsere Liebe geschworen. Wir schrieben uns Sätze wie »Liebe ist, wenn 1 plus 1 = 1 ist« und malten Herzchen mit unseren Namen auf die seitenlangen Briefe, die wir uns schickten. Und wir gewöhnten uns dieselbe Schrift an. Liebe zwischen uns war das Thema – und die Liebe zu Jungs. Darum ging es fortwährend. Unsere Stifte-Mäppchen waren übersät mit Herzen, in die wir die Namen von Jungs »ritzten«. Immer zeitgleich mehrere. Kiki, Andi, Matze, Bubu, Olli. Und in unseren Gesprächen ging es immer darum, wen man gerade gut fand und wen noch. Wessen Herz man erobern wollte und wer einen wahrscheinlich überhaupt nicht zurückliebte. In Ronas Tagebuch finden sich häufig mehrere Liebeserklärungen an einem Tag und oft wechselten die Angebeteten von einem Tag auf den anderen.

Natürlich brauchten wir auch andere Namen. Veronika und Elisabeth, wie altmodisch. Wir nannten uns »Nina« und »Phiny«. Um unsere gegenseitige Liebe zu bekräftigen, beschlossen wir irgendwann zu heiraten. Die Hochzeit fand in Emmelshausen, in der Wohnung meiner Oma statt, die mittlerweile bei uns im Haus wohnte, aber ihre Wohnung dort noch hatte. Wir durften dort zweimal einige Tage allein verbringen und das haben wir in vollen Zügen genossen. Die Einkaufszettel, die wir schrieben, sahen zum Beispiel so aus:

»Nudeln, Wein, Zigaretten (die man damals problemlos in jedem Automaten ziehen konnte, egal ob man 5, 15 oder 50 war), Streichhölzer, Cola, Blubbulutsch, Bier, Nutella, Bärchen.« Mit Blubbulutsch war wahrscheinlich Blubberlutsch gemeint, ein Getränk, das bei Donald Duck vorkam. Bei uns war es eine rote Limonade, die man nach Bedarf mit Alkohol »verdünnen« konnte. Um uns für die Hochzeit angemessen zu kleiden, öffneten wir die alten Schränke meiner Oma. Hier fanden wir lange Kleider, eine Auswahl an Hüten und viel zu große BHs, die wir unter die für uns knöchellangen Kleider zogen. Wir kauften uns Ringe, besorgten alles, was auf dem Einkaufszettel stand, und kochten Miracoli – unser absolutes Lieblingsessen, das ich zuvor schon häufiger mit meiner Großmutter gemacht hatte: Spaghetti, Tomatenmark, Kräuter und Parmesan, alles einzeln verpackt. Natürlich haben wir uns ewige Treue geschworen und uns ordentlich abgefüllt. Am Ende des Tages landeten wir in voller Montur in der Badewanne meiner Oma. Verschiedene Freunde, vor allem aus der Bochumer Clique, haben wir dorthin eingeladen und sie kamen mit ihren Kleinkrafträdern und natürlich flogen wir bei den Vermietern meiner Oma auf. Unsere Telefonrechnung in diesen Tagen belief sich auf 108 DM. Als wir Freunden von unserer Vermählung erzählten, bekamen wir sogar Hochzeitsgeschenke.

Diese Mädchenfreundschaft war irgendwie der Ausgangspunkt und die Probebühne für unsere Kontaktaufnahme zur Jungs-Welt. Wir haben uns gegenseitig festgehalten. Wir schwärmten für Jungs und verliebten uns täglich. Manchmal auch in denselben. Wenn wir das feststellten, gab es Tränen, und dann kam ganz klar der Vorsatz:»Das kann ich meiner Freundin nicht antun. Die Freundschaft zwischen uns ist das Größte, Wichtigste. Sie setzen wir nicht aufs Spiel – schon gar nicht für einen Jungen, der morgen schon wieder anders heißen kann.«Irgendwie hat das auch geklappt, manchmal nachdem man sich den Liebesschwur des Jungen kurz abgeholt hat, ihn aber dann stehen gelassen hat:»Nein, sorry, ich kann meine Freundin nicht verletzen.« Die Gefühle wechselten ständig und auch unsere Angebeteten, aber wir blieben. Das war klar und wenn alles nicht funktionierte, einen keiner liebte, man nicht so genau wusste, was richtig und falsch ist, die Freundin würde immer da sein, und gemeinsam mit ihr würde man aus dem größten Liebeskummer auch schon irgendwie wieder rauskommen. Die ständig bekundete Liebe schützte einen auch davor, weggetragen zu werden, von Gefühlen für gerade neu kennengelernte Jungs, die man nicht einschätzen konnte und die einem vielleicht den Boden unter den Füßen wegziehen würden. Mein Halt ist meine beste Freundin und ich bin ihr Halt. Fertig.

Vielleicht waren wir manchmal für uns auch gegenseitig schlechter Umgang. Das kann sein. Manchmal ist in Ronas Tagebuch auch zu lesen:»Ich wollte bei Ninchen schlafen, aber ich durfte nicht.« Klar, wir haben uns gegenseitig gestärkt, und wenn wir zusammen waren, dann kamen wir auf die besten Ideen und hatten viel mehr Mut, sie auch in die Tat umzusetzen.

Freunde

Ich war frühreif. Glaube ich jedenfalls, zumindest was meine Interessen im Vergleich zu denen der anderen in meiner Klasse anging. Ich interessierte mich schon sehr früh für Jungs. Ich glaube, ich war auch im Kindergarten schon verliebt. In der Grundschule jedenfalls ganz sicher. Da fand ich Joachim ganz toll, den größten und wie ich fand, schönsten aus der Klasse. Dunkle längere, lockige Haare, dunkler Teint. Er hatte auch eine sehr hübsche Mutter und die fuhr einen Sportwagen. Ob er nett war, kann ich nicht sagen. Ich jedenfalls versuchte meine Sympathie unter anderem dadurch zu zeigen, dass ich ihn angriff. Wenn wir uns im Sportunterricht hintereinander aufstellen mussten, versuchte ich möglichst hinter ihm stehen zu dürfen. Einmal hat mich der Übermut überkommen. Joachim stand vor mir, mindestens eineinhalb Köpfe größer als ich, und ich legte ihm todesmutig meine Hände auf die Schultern und drückte ihm mein Knie ins Kreuz. Das war irgendwie ein neuer Trick, den ich gelernt hatte. Auf jeden Fall fiel Joachim zu meiner Überraschung tatsächlich um. Das brachte mir allerdings, anstatt der gewünschten Zuneigung von Joachim, eine Strafarbeit der Sportlehrerin Frau Kappel ein, von der ich mutmaßte, dass sie auch in Joachim verliebt war. Zur Strafe musste ich nachsitzen und zehnmal das Gedicht »Der Apfelbaum« abschreiben. Aber nicht die lustige Version mit der Made als Untermieterin von Heinz Erhardt, sondern irgendeine langweilige mit 10 Strophen. In der fünften oder sechsten Klasse lernte ich irgendwie Matthias kennen. Er hatte herrliche Locken und fand mich auch gut. Wir gingen zusammen ins Kino und haben Händchen gehalten. Das war so aufregend, dass die warme Luft, die entstand, wenn wir nebeneinander auf meiner schwarzen Matratze saßen, drohte zu explodieren. Wie und warum die Sache auseinandergegangen ist, weiß ich nicht mehr. Ich glaube, es war irgendwann gut mit Händchen halten und zu mehr waren wir noch nicht in der Lage.

Dann kamen die Freunde meines Bruders. Er ist ein Jahr älter als ich und hatte Freunde, die ich natürlich auch interessant fand. Ich durfte auch in seiner Clique sein, als sie schon ein Mofa hatten, durfte bei dem blonden Kicki manchmal hinten auf dem Mofa mitfahren. Er hatte eine Zündapp und einen längeren Sitz, auf dem zwei Leute Platz hatten, wenn der Hintermann den Vordermann eng umschlungen hielt. Das war sowieso besser, dann konnte man sich besser in die Kurven legen. Und die Zündapp hatte Fußhalter für den Beifahrer. Bei den anderen Mofas, so auch beim Mofa meines Bruders, gab es nur den Gepäckträger. Da fuhr ich natürlich auch häufiger mit, irgendwie war das mit den Regeln und Mitfahr-Verboten damals noch nicht so streng oder nicht so wichtig. Auf jeden Fall durfte ich dabei sein. Norbert, der beste Freund meines Bruders, groß und mit blonden Locken, Sohn eines Konditors, wurde zu meinem ersten richtigen Freund. So lange ich bei ihm war, ein Junge aus gutem Hause, meine Eltern kannten seine Eltern, war alles gut, glaubten meine Eltern. Obwohl der immer, immer nur fummeln wollte, was ich irgendwie über mich ergehen ließ. Nachdem wir stundenlang knutschend auf seinem Bett verbracht hatten, holte er unten aus der Konditorei Kuchen und ich bekam Sacher- oder Himbeertorte und wir setzten uns mit seiner Mutter und seiner Schwester an den Kaffeetisch.

Dann kamen irgendwann die Junkies. Sagen wir mal so: Dass meine Freunde Kontakte zur Drogenszene hatten beziehungsweise ein Teil davon waren, bekam ich erst richtig mit, als mein Vater einmal aus dem Krankenhaus, in dem er in der Psychiatrie tätig war, nach Hause kam und sagte, er solle mir Grüße ausrichten. Von wem? Es sei ein junger Mann eingeliefert worden, der ihn begrüßt hätte mit den Worten:»Guten Tag, Herr Dr. Feinbein (diesen Namen hatte er sich offenbar in seinem Drogenrausch ausgedacht), ich kenne Ihre Tochter.« Dieser junge Mann hieß Bertram und war der Freund meines damaligen Händchenhalte- und Knutschfreundes Harald, der seinerseits ganz sanft war, rote längere Locken hatte und einen Hirtenmantel trug. Aber was sein Freund Bertram genommen hatte, war offenbar alles andere als sanft, und so landete er in der Psychiatrie und dafür verdiente er mein vollstes Mitgefühl. Ich selbst habe damals keine Drogen genommen. Harald hat sich, zumindest in meiner Anwesenheit, mit Joints zufriedengegeben. Bertram und Harald waren auf jeden Fall immer schon da, wenn ich nach der Schule nicht in Richtung»nach Hause« abbog, sondern in die entgegengesetzte Richtung, gen Innenstadt und Volmepark. Oft hatten sie schon Apfelkorn besorgt und wir genehmigten uns, auf die Volme schauend, mehrere davon.

Eine kurze, aber intensive Zeit verbrachte ich mit der Motorradclique aus Bochum. Ich kannte sie über meine Freundin Nicky, mit der ich mich in der Jugendfreizeit in der Schweiz angefreundet hatte. Und dann die so viel älteren Jungs, Hartwig und seine Freunde, die ich auf folgende Weise kennenlernte: Unsere Schule machte ein Schulfest. Wir waren eine katholische Nonnenschule, ausschließlich für Mädchen. Wenn sich ein männliches Wesen, ein Handwerker oder ein junger Referendar, in der Schule aufhielt, bedeutete das Ausnahmezustand. Kreischende, kichernde, sich in

Szene setzende Mädchen und Nonnen. Na ja, auf jeden Fall wurde anlässlich des Schulfestes die Schule für alle geöffnet. Jede Klasse musste etwas beitragen und unsere Englischlehrerin Frau Schunk entschied, dass wir eine Milchbar machen würden. Wir bauten eine Theke in unserer Klasse auf, stellten vier Hocker davor und zwei Mix-Geräte dahinter. Dazu jede Menge Milch, Bananen und Erdbeeren. Die Thekendienste wurden eingeteilt. Immer zwei mussten arbeiten. Jeder kam mal dran, die Milch und das Obst zu Brei zu mixen, in Gläser zu füllen und zu servieren. Als ich Dienst hatte, ich weiß nicht mehr, wer aus meiner Klasse mit mir am Mixer stand, setzten sich irgendwann vier Männer, also deutlich über achtzehn und damit deutlich älter als wir selbst, an die Theke und bestellten eine Milch nach der anderen. So lange, bis irgendwann mein Dienst vorbei war, ich erleichtert meine Schürze ablegte und hinten zu einem der letzten Tische im Raum ging, wo Matthi mit dem roten Motorradhelm auf dem Tisch auf mich wartete. Matthi war der Älteste aus der Klasse meines Bruders, ich glaube, er hatte eine Ehrenrunde gedreht und war deshalb älter als die anderen, das war in meinen Augen schon mal ein absoluter Pluspunkt. Außerdem hatte er längere dunkle Haare, ein sehr hübsches fein geschnittenes Gesicht und fuhr eine Mokick. Ich fand ihn sehr interessant. Ich freute mich auf Matthi, und darauf, dass ich dieses öde Schulgebäude endlich verlassen konnte. Wir gingen gemeinsam aus dem Raum, während die vier Herren an der Milchbar hinter uns her starrten. Wir verließen auch direkt das Schulgelände um mit Matthis Mokick, mit der wir uns auch später mal langlegten, davonzubrausen.

Aber die vier Herren ließen nicht locker, vor allem einer, ein bisschen auch zur Belustigung der anderen, hatte sich fest vorgenommen, mich kennenzulernen und mit mir zusammenzukommen. Er passte mich nach der Schule wie zufällig in der Stadt ab, freundete sich mit der Schülersprecherin an, die mir von ihm berichten sollte, und stand hartnäckig mit seinem Auto, wenn es seine Zeit erlaubte, vor der Schule. Hartwig behauptete später, dass er sich in mein weißes, langärmeliges, längeres Sporthemd mit grünem Kragen und einem grünen Streifen auf der Brust verliebt hatte, das ich damals oft und gerne zu ausgefranster und mit Brandflecken durchlöcherter Jeans trug. Irgendwann hat er sich getraut, mich anzusprechen, ich glaube, er hat mich zum Kaffee eingeladen, ins Stadt-Café, dorthin, wo ich nach meiner Sechs auch mit meiner Mutter gesessen hatte. Auf jeden Fall gab es ab da immer wieder Einladungen zum Spazierengehen mit seinen Freunden, zum Kaffee trinken, zu Partys. Ich fühlte mich natürlich sehr interessant. Sie alle redeten über mich und über Hartwig, anfangs auch ein bisschen lächelnd, weil ich eben noch so jung war. In der ersten Zeit konnte ich nur die Verabredungen bis 21 Uhr annehmen. Danach musste ich zu Hause sein und da habe ich mich anfangs auch dran gehalten.

Meine Eltern fanden, wie gesagt, diese neuen Kontakte gar nicht so lustig, wobei meine Mutter recht ruhig blieb, wahrscheinlich weil sie eine gute Menschenkenntnis hatte und wusste, dass die Jungs okay waren, auch wenn sie viel älter waren. Arschlöcher hatte ich nie zu Freunden. Mein Vater ging, wie gesagt, etwas anders mit der Sache um, er konnte nicht durchgängig locker bleiben, möglicherweise habe ich genau das provoziert.

15. »Ihr seid die miesesten Eltern der Welt.«

Eltern müssen manchmal doof sein

Meine eigene Geschichte fiel mir sofort ein, als ich einmal einen Vortrag zum Thema »Die neuen Mädchen, was sie für ihren Weg ins Leben brauchen« gehalten habe. In der anschließenden Diskussion meldete sich eine Mutter, die sehr aufgebracht und verzweifelt und in ihrer Rolle als Mutter regelrecht erschüttert war. Sie beklagte sich über ihre Tochter, die ihr bei ihrem letzten Streit entgegengeschleudert habe: »Ihr seid die bescheuertsten Eltern auf der Welt.« »Stellen Sie sich das vor!«, ergänzte sie, immer noch völlig außer sich. So ein Satz ist natürlich für Eltern niederschmetternd. Die Bedeutung ist klar: »Ihr habt als Eltern komplett versagt. Alle sind besser als ihr.« Mir kam der Satz sehr bekannt vor. Ich musste nicht lange überlegen, woher ich ihn kannte. »Das habe ich auch mal zu meinen Eltern gesagt«, hab ich der Mutter entgegnet. Ein bisschen, um sie zu trösten, andererseits um die Tochter ein bisschen in Schutz zu nehmen. Es gibt tatsächlich Situationen, in denen Kinder zu dem Ergebnis kommen, dass sie mit ihren Eltern das schlechteste Los gezogen haben. Bei mir kam das so: Meine Eltern, beide von Beruf Psychiater, hatten ein Medikamentenschränkchen in ihrem Badezimmer und darin befanden sich unter anderem Tabletten, mit denen man sich, wenn man genug davon nahm, ordentlich abschießen konnte. Auch um meine Freundinnen zu beeindrucken, trug ich ein paarmal das eine oder andere Medikamentenfläschen mit in die Schule, um ein bisschen Abwechslung in unsere Rotweinpausen auf der Toilette zu bringen. Besonders häufig ist das offenbar im Juni 1975 vorgekommen. Meine Freundin Rona hat am 13.6. in ihr Tagebuch notiert: »Haben in der Schule Valium genommen. Ein spitzes Gefühl.« Und einen Tag später, am 14.6., steht da: »Hab mit Ninchen Tropfen genommen, so eine Art Rauschgift. Wir waren high.« Und am 18.6., also zwei Tage nach den high-machenden Tropfen, fing es richtig an. Ronas Tagebucheintragung für diesen Tag lautet:»Heute haben wir in der Schule Tabletten geschluckt. Ich hab aber kaum was genommen, weil ich Angst hatte. Aber Nina war voll.« In dem Medikamentenschränkchen meiner Eltern gab es alles Mögliche an Tabletten, zum Beispiel Lithium, das man bei bipolaren Affektstörungen, Manie und Depressionen einnimmt, Haldol, das bei Psychosen eingesetzt wurde, Valium, ein abhängig machendes Beruhigungsmittel, und auch Optalidon, ein Schmerzmittel. Ich hatte mich an diesem Tag für Optalidon entschieden, keine Ahnung warum, vielleicht weil die Tabletten so schön orange waren. Davon habe ich zehn Stück genommen. Das war der Tag, an dem ich mit Dirk, unserem Nachbarn, auf dessen Kleinkraftrad nach Bochum gefahren bin.

Ich hatte meine Eltern gefragt, ob ich zu meinen Freunden nach Bochum fahren dürfte. Von Hagen aus ungefähr vierzig Kilometer über die Autobahn. Meine Eltern haben es mir verboten. Wir sind trotzdem gefahren. Ich war schon ziemlich weggetreten, fühlte mich völlig unverstanden von meinen Eltern, die mir diese Tour hatten vermasseln wollen. Wir wollten so gegen 17 Uhr im »Treffpunkt« sein. Das war die Stammkneipe meiner Bochumer Freunde und dort habe ich auf die Optalidon noch ein paar Gläser Bier getrunken. Ein Bier: eine Mark. Mir wurde unglaublich schlecht. Und ich kotzte mehrfach das Klo in der Kneipe voll. Wahrscheinlich zum Glück. Denn trotzdem haben die Optalidon ungefähr drei Tage lang gewirkt. Ich war eine Mischung aus benebelt, weggetreten und aggressiv. Als wir abends wieder zurück nach Hagen kamen, gab es Konsequenzen: Hausarrest. »Du darfst nur noch in die Schule gehen und dann wieder nach Hause kommen«, keine sonstigen Verabredungen mehr, war das Urteil, das über mich verhängt wurde. Was blieb mir übrig, als die Schulzeit zu nutzen, um wenigstens noch ein bisschen Freiheit zu haben? Und außerdem: Bei Leuten, die so wenig Verständnis für mich hatten wie meine Eltern, wollte ich eh nicht bleiben. Also beschloss ich, am nächsten Tag mein Erspartes mit in die Schule zu nehmen und mich nach der ersten Stunde in Richtung Bahnhof aufzumachen. »Bochum« hieß mein Ziel. Ich kaufte mir, nicht zum ersten Mal, eine Fahrkarte und auf ging's. Ich hatte Ferdi, den damaligen Freund meiner

Freundin Rona, angerufen und der hatte mich mit seinem Kleinkraftrad vom Bahnhof abgeholt. Hier, bei Familie Ferdmann im Souterrain, war ich erst mal sicher. Es gab was zu essen und wir plauderten angeregt, als am frühen Nachmittag, kurz nach dem Mittagessen, das Telefon bei Ferdmanns klingelte: Rona. Sie wollte auch nach Bochum kommen, mit dem Zug. In einer Stunde würde sie da sein. Wir stiegen also wieder auf Ferdis Kleinkraftrad, ich ohne Helm, und fuhren in Richtung Bahnhof. Auf diesem Weg knallte es. Ich hörte nur noch, wie Ferdi schrie:»Scheiße, sie läuft.« Und dann spürte ich den harten Asphalt im Gesicht. Ferdi, eine Passantin, ich und das Kleinkraftrad lagen verstreut auf der Straße. Ich weiß nicht mehr, ob uns die Schienen zum Verhängnis geworden waren, jedenfalls hatten wir eine Frau umgefahren, die gerade über die Straße gehen wollte. Es war eine Hauptverkehrsstraße in Bochum und ziemlich schnell kamen Polizei und ein Notarztwagen, der uns samt der Passantin mit Blaulicht ins Krankenhaus fuhr. Bochum Langendreer. Mein Knie und mein Kinn schmerzten. Vor allem: Ich war immer noch weggetreten von den Optalidon. In meinem Mund stimmte auch was nicht. Meine Zunge machte die Entdeckung: Von meinen Schneidezähnen, die ich in jahrelangem, mühsamem Zahnspangetragen in Form gebracht hatte, waren nur noch Stümpfe übrig. Der Arzt im Krankenhaus untersuchte mich, legte mein rechtes Bein in Gips und nahm meine Daten auf.»In welcher Krankenkasse bist du?«, war auch eine Frage. Die konnte ich aber nicht beantworten. Stattdessen schnauzte ich ihn an, dass ich diese Frage ziemlich doof fände und was das Ganze überhaupt solle.

Dann kam der Anruf an meine Eltern, die mich schon seit ein paar Stunden vermissten und die auch Rona angerufen hatten, ob sie sich erklären könnte, wo ich abgeblieben wäre.»In welcher Krankenkasse ist Ihre Tochter?« So erfuhren sie, wo ich abgeblieben war. Sie müssen aus allen Wolken gefallen sein. Mein Vater, der immer arbeiten musste und nie den Dienst geschwänzt hatte, auch nicht wegen Krankheit, er war nie krank, nahm sich frei und kam mit meiner Mutter umgehend nach Bochum Langendreer ins Krankenhaus, um mich abzuholen. Das war unglaublich. Auf der Fahrt nach Hause war ich immer noch vollkommen außer mir. Ich habe meine Eltern beschimpft mit allem, was mir einfiel. Und ich habe gedroht. »Ich werde mich umbringen«, habe ich gewarnt. Meine Eltern brachten mich in mein Zimmer und sie entfernten alle spitzen Gegenstände aus meiner Umgebung. Und für mich der Gipfel: Da ich ja ein verletztes Bein hatte, meine Kniescheibe gebrochen war, griffen sie in die Einrichtung meines Zimmers ein. Die schwarze Cordmatratze auf dem Boden wurde nun doch wieder mit einem Bettgestell unterfüttert. Ich bräuchte schließlich Pflege und es sei niemandem zuzumuten, sich zu mir auf den Boden hinunterzubücken. Für mich ein unzulässiger Eingriff in meine Privatsphäre, eine große Demütigung, die mich zu dem verzweifelten Urteil kommen ließ, das ich ihnen laut und deutlich ins Gesicht schleuderte: »Ihr seid die miesesten Eltern der Welt.«

Meine Eltern blieben stoisch. Ab jetzt, so viel war klar, gab es nicht nur Hausarrest, sondern auch keinen Kontakt mehr zu niemandem, ich durfte nicht mehr telefonieren, auch nicht mit Rona, und Briefe wurden mir auch nicht weitergeleitet. Außerdem wurde ich zur Schule gebracht und wieder abgeholt und die Lehrer wurden informiert. Sobald sie mich in der Schule vermissen würden, sollten sie bei uns anrufen. Diese harten Maßnahmen waren vor allem die Bestätigung dafür, dass mich niemand verstand und Erwachsene doof waren. Und sie machten erfinderisch. Ronas aufmunternde Briefe kamen natürlich trotzdem bei mir an, weil meine Geschwister als Boten fungierten. Und ich schrieb seitenlange Briefe an Rona, in denen ich über meine Schmerzen klagte, sie anwies, ihre Briefe lieber meiner Schwester als meinem Bruder mitzugeben, weil mein Bruder nicht so zuverlässig in der Weitergabe war. Ich schrieb, dass ich immer heulen müsse, weil ich wahnsinnige Schmerzen hätte, dass ich mir während meiner »Quarantäne« darüber klar werden wollte, mit wem ich gehen wollte, und dass ich in einem so elenden, traurigen, verlassenen Zustand sei, dass mein Leben keinen Sinn mehr habe. »Ich will nicht mehr leben, ich kann nicht mehr leben, ich hör nur noch Musik und heule. Mein Vater hat mir alles verboten.« Und das war mir alles in dem Moment, in dem ich es niederschrieb, purer Ernst.

»Ich hasse meine Eltern«

Meine Mutter ist damals verhältnismäßig ruhig geblieben, jedenfalls mir gegenüber: »Das tut uns leid, du hast Pech gehabt, dass du uns als Eltern hast«, hat sie auf meine Beschwerden über ihr »inkompetentes« elterliches Verhalten erwidert. Mein Vater hat ziemlich rumgepoltert. Er war gleichzeitig außer sich, entsetzt und hilflos. Ich hatte eine Stinkwut auf beide und fühlte mich noch unverstandener als zuvor. Aber: Ich hatte ihre volle Aufmerksamkeit. Das war neu. Vor allem was meinen Vater anging. Was er für mich gemacht hatte, nicht zum Dienst zu gehen, das hatte er noch nie jemals für irgendwen gemacht.

Meine Eltern zogen ihre Konsequenzen durch. Monatelang wurde ich zur Schule gefahren und wieder abgeholt. Wochenlang durfte ich mit niemandem Kontakt haben. Obwohl ich mich mit meinem Gipsbein bis zum Oberschenkel nicht gut bewegen konnte, dachte ich trotzdem nicht ans Aufgeben. Wenn die Schulzeit meine einzige freie Zeit war, dann musste die eben genutzt werden. Am dritten Tag verschaffte ich mir ein bisschen »Freizeit«. Morgens um neun, gleich nach der Geschichtsstunde bei Frau Dr. Mausfeld, humpelte ich vom Schulgelände Richtung Innenstadt. Irgendeine Lehrerin verpetzte mich aber bei meinem Vater und rief ihn im Krankenhaus an. Und das war genau der Tag, an dem meine Schwester den Blinddarm herausbekam. Und meine Eltern, wie sie mir nicht ohne Vorwurf mitteilten, sowieso schon genug in Sorge waren. Im Krankenhausaufzug, auf dem Weg zu meiner Schwester fiel dann der Satz: »Wenn das so weitergeht, dann musst du ins Internat.« Mein Vater war so weit. Meine Mutter betonte abends, dass ich, wenn ich nicht wollte, auch nicht ins Internat müsse. Aber meine Eltern gerieten darüber so in Streit, dass mein Vater mich dafür verantwortlich machte, dass, falls meine Eltern sich scheiden lassen würden, ich die Schuld trüge. Ab da beschloss ich, vorerst nicht mehr so krasse Sachen zu machen.

Meine Eltern waren damals richtig verzweifelt. Was ich nicht gesehen habe, weil ich natürlich genug mit mir selbst zu tun hatte, und es mir nicht darum ging, meine Eltern zu verstehen oder mich auch nur ansatzweise in ihre Lage zu versetzen. Meine Gedanken kreisten um mein eigenes Elend, damit hatte ich genug zu tun. Meine Eltern waren selber schuld. Warum verhielten sie sich auch so bescheuert?

Mein Vater hat damals, was ich nicht wusste, mit vielen Leuten über mich gesprochen und ihnen seine Verzweiflung gezeigt. Auch mit meinen Freunden hat er lange Gespräche geführt und ist dort auf mehr Verständnis gestoßen als bei mir. Bei mir kriegte er gar keins. Ich war ja schließlich die, der es dreckig ging. An Rona hat er zwei Wochen nach diesem ereignisreichen Tag einen Brief geschrieben, der deutlich macht, durch welches Tal meine Eltern gegangen sind und welche Gedanken sie sich über mich gemacht haben: »Liebe Rona! Hab vielen Dank für deinen Brief und dein Verständnis. Du hast sicher geholfen, auch wenn wir noch viel Zeit und Geduld brauchen. Ich bin heute nicht mehr so pessimistisch wie vor zwei Wochen, obgleich wir keine Wunder erwarten. Elisabeths Einstellung zur Familie und zu ihrem Vater ist viel positiver geworden. Sie erkennt heute ihre Fehler und gibt manches zu, was ihr vor zwei Wochen noch nicht möglich war. Ich hoffe, dass sie sich in dieser Weise eine Freiheit erobert, in der sie sich glücklicher fühlt als bisher.« Er wünschte mir Freiheit und dass ich mich glücklich fühle. Er konnte sich in mich hineinversetzen, jedenfalls ein bisschen, und war an meinem Glück interessiert. Das habe ich in meiner Opposition und Verzweiflung überhaupt nicht gesehen und hätte es wahrscheinlich zu diesem Zeitpunkt auch nicht geglaubt.

Meine Eltern waren in der Zeit für mich trotzdem oft ziemlich doof. Sie setzten mir klare Grenzen, sie waren plötzlich so was von am Ball.

Ich habe sie gehasst. Und ich war nicht die Einzige, die ihre Eltern hasste. Sehnlichst habe ich mir andere Eltern gewünscht. Es wollte mir nicht ins Hirn, wie diese beiden unfähigen Gestalten in die Position gekommen waren, mich erziehen zu dürfen. Das musste ein absolutes Missverständnis bei der Geburt gewesen sein. Wahrscheinlich war ich im Krankenhaus verwechselt worden, wahrscheinlich waren sie gar nicht meine Eltern. Tagträume begleiteten mich, wie es wäre, wenn ich in die Familie unserer Nachbarn oder einer meiner Klassenkameradinnen hineingeboren worden wäre. Dort würde es mir gut gehen. Ich würde verstanden werden. Ich hätte alle Freiheiten, die ich bräuchte, ich würde entsprechend meiner Persönlichkeit und meinen Bedürfnissen gewürdigt und behandelt werden. Meine Wünsche würden respektiert und man würde auf sie eingehen. Wenn ich nur andere Eltern hätte, dann wäre alles gut. Ich wusste damals nicht, dass genau diese Gedanken sehr viele Jugendliche in meinem Alter haben, auch die Kinder unserer Nachbarn und meine Klassenkameradinnen. Dass die Nachbarsfamilie sehr modern eingerichtet war, dass immer ganz leger, mediterran gekocht wurde (nicht wie bei uns: Bohnen, Linsensuppe, Sauerkraut), dass das Essen von der Mutter wie nebenbei auf den Tisch gezaubert wurde, dass sie alle künstlerisch begabt waren und dieses Talent an jedem Detail in der Wohnung erkennbar war, das war für mich schon die Verheißung des Paradieses. Dass die Eltern aber auch ständig an ihren Kindern herumnörgelten, die Tochter in den Augen der Mutter nichts richtig machte, über Gefühle nie gesprochen wurde, Sentimentalitäten abgebügelt wurden, habe ich dabei übersehen.

Auch heute hassen Kinder noch ihre Eltern. Weil sie zu sehr kontrollieren, weil sie nichts erlauben, weil sie ihnen zutiefst peinlich sind.

Über meine Eltern denke ich heute – und das hat Jahrzehnte gedauert bis ich so dachte. Sie haben damals neben allem möglichen Falschen viel richtig gemacht. Ich brauchte Aufmerksamkeit, die habe ich bekommen. Und ich brauchte es, dass sie klar Position beziehen: »Du bist uns nicht egal« und, sehr wichtig: »Wir lieben dich.« Mehr noch: »Wir wollten dich.« In meinem Rundumschlag und meiner substanziellen Kritik an ihren bürgerlichen Grundfesten hatte ich auch meine Zweifel an ihrem Wunsch nach mir verpackt: »Ihr habt mich ja nur bekommen, weil ihr nicht wusstet, wie man verhütet«, schleuderte ich ihnen als Krönung meiner Gesamtkritik an den Kopf. »Doch, das wussten wir durchaus«, hatte meine Mutter gelassen entgegnet. Wir wollten dich. Ich schrie förmlich nach Orientierung, einem dicken Felsen, an dem ich mich abarbeiten konnte. Den boten sie mir jetzt: Sie machten Vorgaben, es gab enge, strenge Regeln: »So geht's und so eben nicht.« Dabei haben sie sich nicht weggeduckt, als meine Angriffe wie spitze Pfeile auf sie niederprasselten und sich nicht gescheut, von mir völlig bescheuert gefunden zu werden.

16. »Die will ja nur Aufmerksamkeit.«

Jugendliche wollen gesehen werden

»Sie macht das ja nur, weil sie Aufmerksamkeit will«, beschweren sich manche Eltern, vollkommen entrüstet darüber, wie ihr Kind ständig bestrebt ist, sich in den Mittelpunkt zu rücken und dabei alle Register zieht und nicht davor zurückschreckt, über Grenzen zu gehen, über die eigenen und die der anderen. Eltern klagen über Kinder, die sich in jedes Gespräch einmischen, ständig mit den Geschwistern streiten, in der Schule durch permanentes Ablenken der anderen vom Unterricht, durch Stühle umkippen, Klingeltöne ausprobieren, sich im Schrank verstecken, auffallen. Sie machen nichts für die Schule, provozieren die Lehrer oder zeigen vollkommenes Desinteresse an dem, was gerade in der Schule passiert. Aber auch Ritzen, Komasaufen, von zu Hause Abhauen, Selbstmorddrohungen sind Mittel, zu denen manche Jugendliche greifen, um auf sich aufmerksam zu machen.

Nur: Was heißt hier, die wollen »nur« Aufmerksamkeit? Hallo? Wer möchte denn nicht gesehen werden? Wer möchte keine Aufmerksamkeit von seinen Eltern? »Guck mal, hier bin ich. So bin ich. Interessierst du dich für mich? Bin ich gut so, wie ich bin? Siehst du mich?«, sind die Fragen, die alle Kinder haben und die sich hinter Aufmerksamkeitserregungsmanövern verbergen. Kinder, die mit extremen Mitteln versuchen, die Aufmerksamkeit ihrer Eltern zu erringen, haben es vielleicht vorher auf andere Weise versucht, sind aber nicht gehört worden. Was ist das Schlimme daran, Aufmerksamkeit zu wollen? Jugendliche wollen wissen, wie sie gesehen werden, wie sie sind, ob sie es wert sind, dass sich andere mit ihnen befassen. Sie wollen wissen, wie sie sein müssen, um in der Welt ihren Platz zu finden, um zu bestehen im Dschungel der Menschheit.

Jens, 48, Vater von drei Kindern, hat seinen Wunsch nach Anerkennung in Angriffe verpackt. Er ärgerte regelmäßig seinen Vater, der selbst »nur« Hauptschulabschluss hatte, indem er ihm Fragen zu seiner Bildung stellte: »Da saß ich oft am Tisch und sagte zu meinem Vater so: ›Sag mal, was heißt denn Suppe auf Englisch? Weißt du das?‹, wusste er natürlich nicht. Der kannte das alles nicht. Gleichzeitig war er Top-Manager. Aber ich konnte diesen eigentlich sehr mächtigen Mann, der auch rhetorisch sehr mächtig war, im Prinzip mit 12 an die Wand bringen. Das war ein Punkt, das fand ich auch gut. Ich wusste jetzt gar nicht, warum ich den so locken musste. Da ist immer auch der Gedanke: Ich will dich verletzen, aber ich will auch anerkannt werden von dir. Das war auch immer wichtig. Eigentlich wollte ich immer, dass er, wie ein alter Stier in einer Stierherde sagt: ›Ja, Wahnsinn. Toll, was du schon kannst. Ist schon irre. Bin echt stolz drauf.‹«

Wenn ich noch etwas mehr von meinen Eltern brauchte, mehr Sicherheit, mehr Zuwendung, dann hab ich auch manchmal versucht, sie mir zu holen: Ich bekam abends Angst. Dann bin ich immer wieder aufgestanden, um mitzuteilen, dass ich Angst hätte. Abgesehen davon, dass ich im Bett liegend mit Sicherheit ängstigende Gedanken hatte, die sich auf die Existenz der Menschheit an sich bezogen, schien mir das ein perfektes, lohnenswertes Manöver, die Aufmerksamkeit meiner Eltern noch etwas länger für mich zu gewinnen. »Wovor hast du denn Angst?«, hatte meine Mutter gefragt, und ich habe geantwortet: »Vor dem Tod.« Meine Eltern haben dieses Problem mit einem Löffel Zuckerwasser gelöst. Den hat meine Mutter mir in der Küche zubereitet und behauptet, das helfe gegen die Angst. In meiner Erinnerung hat es mir sehr geholfen. Weniger wegen des Zuckers als aufgrund der Tatsache, dass meine Mutter extra für mich aufgestanden ist, mit mir in die Küche gegangen ist und das Heilmittel für mich hergestellt hat. Aufmerksamkeit halt.

Unsere Frage, wenn unsere Eltern abends weggingen: »Wann kommt ihr wieder?«, beantwortete mein Vater, während er seinen

Anzug anzog und die Krawatte zum Ausgehen band, mit dem immer gleichen Satz:»Um kurz nach halb.« Mehr Antwort gab es nicht. Meine Mutter habe ich manchmal davon abzuhalten versucht, wegzufahren, ohne dass mir so richtig klar war, dass dieses Ziel hinter meinen Aktionen steckte. Ich mochte sie sehr und war gern mit ihr zusammen. Wenn sie Zeit hatte, hörte sie mir zu. Ich fühlte mich von ihr ernst genommen. Ich habe versucht, sie zu Hause zu halten, indem ich leere Medizinfläschchen in ihrer Garageneinfahrt kaputt geschmissen habe. Mir war nicht bewusst, dass die Scherben vielleicht die Reifen zerschneiden könnten, aber vielleicht hatte ich die leise Hoffnung, dass sie dann einfach nicht wegfahren könnte.

Ich hatte Eltern, die sehr viel gearbeitet haben, die einen Haushalt hatten, der durchorganisiert war, die wenig Zeit für uns hatten. Und ich habe mir einiges einfallen lassen, um ihre Aufmerksamkeit zu bekommen. Ich würde heute sagen: Ich habe mir geholt, was ich brauchte. Und: Ich habe es bekommen. Meine Eltern mussten sich um mich kümmern und sie haben sich gezwungenermaßen die Zeit genommen. Meine Manöver standen alle unter dem Motto:»Hier seht her, ich bin`s.« Und sie haben gewirkt, wenn sie auch nicht ohne kleine Blessuren abgegangen sind.

Meine Eltern haben mich nach meinen Ausflügen und Unfällen erst mal an sich gebunden, ganz eng. Plötzlich musste ich ganz oft bei ihnen sein. Sie haben mich in die Schule gefahren und wieder abgeholt. Ich musste zwangsweise mit ihnen in den Urlaub. Ich hab so richtig»Eltern satt« bekommen. Das haben sie durchgezogen und sich währenddessen noch mein Geschimpfe über ihr spießiges Leben angehört und dass ich eine WG für das einzige Lebensmodell halte und nichts sehnlicher möchte als so schnell wie möglich zu Hause raus, um meine»radikalen« Vorstellungen vom Leben zu verwirklichen. Mit 14 war es dann so weit. Was wir genau gemacht haben, weiß ich nicht mehr, aber wir waren uns einig – Rona und ich. Am 2. August 1974 schrieb Rona ein denkwürdiges revolutionäres Ereignis in ihr Tagebuch:»Wir haben 'ne Kommune aufgemacht.« Konsequenzen für unseren praktischen Alltag ergaben sich daraus meines Wissens nicht. Jeder wohnte weiter zu Hause und stand dort mehr oder weniger unter Beobachtung.

Sündenbock

Es gibt noch andere Gründe als »nur« der Wunsch nach »Aufmerksamkeit«, warum sich Kinder auffällig verhalten. Manche machen über ihr Verhalten auch darauf aufmerksam, dass in der Familie etwas nicht stimmt. Sie rebellieren, weil sie eine Funktion in der Familie erfüllen müssen, der sie nicht gewachsen sind. Manche Kinder werden von ihren Eltern in absolut überfordernder Weise benutzt. Als Puffer zwischen einem Paar, das sich nicht versteht, als Sündenbock für Misserfolge der Eltern, als Katalysator für deren eigene traurige Jugend, die sie vielleicht hatten. Das geschieht auf so verschiedene, variantenreiche Weise, dass es manchmal sehr schwer zu erkennen ist, und in der Regel ist es den Eltern nicht bewusst.

Mir ist sehr eindrücklich ein 16-jähriger Junge in Erinnerung, der von seinen beiden Eltern in die Beratungsstelle »gebracht« wurde. Die Mutter hatte angerufen und am Telefon sehr geweint. Der Junge sei so respektlos. Es sei ganz schlimm. Er helfe nicht im Haushalt, so wie er sollte, in der Schule gebe es auch Probleme, er habe mit seinen Freunden an eine Hauswand gesprayt und sei dabei erwischt worden. Und der Gipfel: Er hat den Wagen des Vaters geklaut und ist mit Freunden nachts durch die Gegend gefahren. Nun, nach dem letzten »Vergehen«, hatte der Vater den Sohn angezeigt. Die Eltern hofften, dass er dafür in den Jugendknast käme, dann würde schon Besserung eintreten. Dort würde er hoffentlich sehen, was er für ein schlechter Mensch sei und wie man sich im Leben und seinen Eltern gegenüber zu benehmen habe. Ich bemühe mich um einen zeitnahen Termin. Kurz vorher ruft die Mutter noch einmal an. Der Vater habe Schichtdienst, sie könnten den Termin nicht wahrnehmen. Ich biete einen weiteren Termin an. Die Familie erscheint zu dritt: Mutter, Vater und Sohn. Die Eltern leeren ein Füllhorn an Vorwürfen gegen den Jungen vor mir aus. Sie hätten alles getan, jetzt wüssten sie nicht mehr weiter. Von mir wollen die Eltern, dass ich dem Jungen klarmache, dass es so nicht geht. Für mich erschütternd war, dass die Eltern keinerlei Mitgefühl mit dem Jungen hatten, beide nicht. Die Mutter sagt während des Gespräches nicht viel, der Vater wertet den Jungen in einem fort ab, während der mit gesenktem Kopf dasitzt und manchmal zaghafte Verteidigungsversuche unternimmt, die sofort vom Vater unterbrochen werden. Mir schnürt sich die Kehle zu, je mehr ich mich in die Gefühlslage des Jungen versetze. Ich probiere den Vater auf sein respektloses Verhalten gegenüber dem Sohn aufmerksam zu machen. Sage immer wieder, wie respektlos er sich gerade verhält. Ich kann es selbst kaum ertragen, wie er ihn runterputzt. Den Vater vor dem Sohn zurechtzuweisen ist leider nicht wirklich eine hilfreiche Idee von mir. Irritierend für mich ist, dass dem Vater, einem kleinen, drahtigen Mann von Ende 30, mit Schnäuzer, sehr forsch auftretend, die ganze Zeit, während er seinen Sohn beschimpft, Tränen aus den Augen laufen. Ich frage ihn, wie das kommt, er reagiert nicht darauf. Als ich mich erkundige, wie seine eigene Jugend verlaufen ist, entgegnet er, weiter mit tränenden Augen: »Gut. Ich bin von meiner Großmutter mit dem Kochlöffel erzogen worden.« Ich bin innerlich fassungslos. Der Vater hat sein eigenes »Elend« komplett abgespalten. Die Eltern haben ihn offenbar nicht selbst erziehen können oder wollen, die Großmutter hat ihm den Gehorsam mit harten Schlägen beigebracht ... Der Vater bearbeitete seine eigene schreckliche Kindheit nun, indem er seinem Sohn mit ähnlicher Strenge, Gefühlskälte und Unnachgiebigkeit begegnete. Eltern, die sich so verhalten, machen einen erst mal fassungslos. Man kommt nicht an sie ran. Sie setzen alles daran, sich nicht mit ihren eigenen schrecklichen Kindheitserlebnissen beschäftigen zu müssen. Dafür lassen sie sogar die Kinder über die »Klinge« springen. Bewusst ist es ihnen nicht, dass das so funktioniert.

Ich spreche das Thema Vertrauen an und meine natürlich das Vertrauen, das Eltern in ihre Kinder haben oder zumindest das Vertrauensverhältnis zwischen Eltern und Kindern. Vater und Mutter kennen Vertrauen nur in die umgekehrte Richtung. »Ja, Vertrauen muss man sich erarbeiten«, sagt der Vater zu seinem Sohn gewandt. Als ich den Jungen frage, was er sich von seinem Vater wünscht, sagt er: »Dass er mit mir das Moped repariert.« Der Vater ist empört: »Ja, du willst immer was«, schleudert er ihm entgegen. Am Ende der Sitzung frage ich alle drei, was jeder Einzelne tun könne, um die Situation zu verbessern. Der Sohn schlägt vor, dass er mehr staubsaugen könnte. Beiden Eltern fällt nichts dazu ein. Beim Abschied sagt der Junge, das Gespräch sei für ihn sehr interessant gewesen. Die Eltern sind nicht begeistert vom Verlauf des Gesprächs. Den nächsten Termin sagen sie ab. Ich rufe sie noch mal an, was ich normalerweise sehr selten mache. Ich schreibe noch einen Brief, dass ich mir Sorgen mache und schlage einen neuen Termin vor. Es kommt keine Reaktion. Als ich die Mutter dann noch mal telefonisch erreiche, erklärt sie mir, der Junge sei jetzt verurteilt und käme in den Jugendknast. Das Ergebnis wollten sie jetzt mal abwarten ...

Eine Mutter klagt darüber, dass ihre Tochter so respektlos sei. Sie stelle sie, die Mutter, so dar, als wäre sie doof. Sie provoziere sie ständig. Irgendwann sei dann das Maß voll bei ihr. Letztens sei es im Auto eskaliert. Die Tochter habe sie derart provoziert, dass die Mutter sie gebeten habe, auszusteigen, weil sie ihr »Labern« nicht mehr hören könne. Die Tochter sei aber nicht ausgestiegen. Zu Hause habe sie ihr klargemacht, dass sie sie nicht mehr im Auto mitnehmen würde, wenn sie sich so verhalten würde. Der Streit sei dann zu Hause weitergegangen. Sie haben sich angeschnauzt, bis die Tochter irgendwann mit Papierkügelchen nach ihr geschmissen habe. Kurz darauf habe sie ein Messer aus der Schublade genommen und in den Boden gerammt. Sie habe gesagt, sie wolle sich umbringen. Die Mutter habe erwidert: »Dann mach doch.« Sie erzählt, dass das Kind sich ritzt. Auch das empfindet sie als Provokation, als Angriff gegen sich. Sie selbst sei als Alleinerziehende sehr überfordert damit, dass die beiden Kinder sich oft so respektlos benehmen. Manchmal stehe sie vor ihrer Tochter und sage: »Das hast du nun davon, du bist schuld, dass es mir so schlecht geht.« Das mache sie mit einiger Genugtuung. »Eigentlich«, so sagt die Mutter, »wünsche ich mir, dass sie mich in den Arm nimmt und mich drückt. Und das wünscht sich ganz tief in ihrem Herzen die Tochter von der Mutter auch. Aber: Sie hat es nicht gelernt. Sie ist von ihrer Mutter auch nicht mit Herzlichkeit, sondern mit Vorwürfen erzogen worden. So trägt die Mutter ihre eigene Geschichte weiter, ohne es sich bewusst zu machen.

Es kommt immer wieder vor, dass Eltern, deren Kinder sich ritzen, sich von diesem Verhalten so angegriffen fühlen, so wütend und hilflos sind, dass sie die Kinder noch ermuntern, es doch verdammt noch mal zu machen. Manche bieten sarkastischerweise sogar Werkzeug dazu an. Die 12-jährige Mathilde ritzt sich immer wieder. Wenn ihr Freund anderen Mädchen Liebesbotschaften postet, wenn ihre beste Freundin sauer auf sie ist. Zu Hause wird sie herabgewürdigt. Sie suche sich die falschen Freunde aus, sie sei so beeinflussbar, sie kriege ja nichts auf die Reihe. Schon wieder habe sie nicht für die Schularbeit gelernt. »Wenn du unbedingt von der Schule fliegen willst, mach so weiter«, hört sie von ihren Eltern. Es gibt viel Streit, in dessen Verlauf Mathilde die Eltern wie Kinder erlebt. Die Mutter ist hilflos und wütend, sie empfindet das Ritzen als persönlichen Angriff gegen sich selbst. Letztens habe es einen Streit im Badezimmer gegeben, in dessen Verlauf die Mutter die Schublade im Badezimmerschränkchen geöffnet, die Rasierklingen des Vaters genommen und sie ihr unter die Nase gehalten habe, mit den Worten: »Dann ritz dich doch, wenn du das brauchst, hier nimm.« Die Mutter fühlt sich hilflos wie ein kleines Mädchen, genauso, wie sie sich als Kind ihrem Vater gegenüber gefühlt hat.

Der Psychoanalytiker Horst Eberhard Richter hat in seinem herausragenden Buch: »Eltern, Kind, Neurose« untersucht, wie ungelöste Konflikte der Eltern auf die Kinder wirken. Er suchte die Motive, die zu Neurosen bei Kindern führen. Und er fand heraus: Eltern drängen ihr Kind in eine Rolle, die es überfordert. Das geschieht auf zwei verschiedene Arten. Die eine: Sie drängen ihr Kind unbewusst in die Rolle eines Menschen, mit dem sie selbst einen ungelösten Konflikt haben. So wird es als Eltern-, Ehepartner- oder Geschwisterersatz angesehen und behandelt.

Ein Beispiel: Eine Mutter oder ein Vater, die sich als Kind vergeblich danach gesehnt haben, von ihrer Mutter mehr gesehen und umarmt und getröstet zu werden, wenn sie traurig sind, trägt diese ungestillte Sehnsucht weiter in sich. Nun erwartet sie von ihrem Kind, dass es ihre Not, ihre Einsamkeit errät, ihren Wunsch umarmt und gesehen zu werden, erkennt und lindert. Das tut das Kind nicht in für sie ausreichendem Maße. Und sie beklagt sich über ihr Kind: »Warum kommt es nicht mal und tröstet mich?« oder: »Er umarmt mich nie.« Das Kind soll die Rolle der »ungenügenden Mutter, des ungenügenden Vaters« übernehmen und jetzt endlich genügen.

Die zweite Variante ist, dass Eltern in ihr Kind positive oder negative Aspekte ihrer selbst hineinprojizieren. Die Kinder dürfen Wünsche, die den Eltern verwehrt waren, auch nicht ausleben oder gerade sie müssen die Mission erfüllen, die den Eltern versagt blieb. Beispiel: Eine Mutter ist mit vielen Verboten groß geworden. Sie durfte wenig Kontakt zu Jungs haben, hat sich das aber immer gewünscht. Jetzt hat die Tochter gute Kontakte zu Jungen. Die Mutter kann das nicht ertragen. Es ist ihr nicht bewusst, dass ihre eigene Geschichte wiederbelebt wird. Sie wertet ihre Tochter ab und nennt sie Schlampe. Sie wehrt in der Tochter ihre eigenen ungelebten Wünsche ab.

Eltern erhoffen dadurch unbewusst, dass das Kind sie aus ihrer eigenen Konfliktsituation »erlöst«. Mit diesen unbewusst auf das Kind verlagerten Sehnsüchten sind die Kinder selbstverständlich komplett überfordert. Sie verstehen es nicht und müssen herhalten für etwas, für das sie überhaupt gar nichts können und von dem sie auch nichts wissen können. Damit ist häufig leider der Weg für ihre eigene Neurose bereitet, die zum Beispiel lautet: »Ich genüge nicht, ich bin falsch, ich bin den Anforderungen, die an mich gestellt werden, nicht gewachsen.«

Nicht nur von meinen Eltern

Aufmerksamkeit, gesehen werden, gucken, wie man wirkt, ob man ankommt, das ist das bestimmende Thema in dieser Zeit. Und es ist wichtig für Jugendliche, das herauszufinden. Aus den Augen der anderen bekommen wir ein Bild über uns selbst.

Sabrina, 39, Mutter von zwei Söhnen, erinnert sich: »Ich weiß nicht mehr genau, wann das anfing, gefühlt mit 10 oder 11, aber spätestens als ich 13 oder 14 war, hatte ich große Sehnsucht, gesehen zu werden, und zwar auch von älteren Jungs. Ich wollte auch von ihnen hübsch und interessant gefunden werden. In meiner Fantasie wollte ich endlich ›infrage‹ kommen für sie. Dabei ging es mir nur um einen Blick, um Aufmerksamkeit. Ich habe mir nicht vorgestellt mit ihnen real zusammen zu sein, sie zu küssen oder Sex mit ihnen zu haben. Ich wollte einfach gesehen werden, Anerkennung, und ich wollte träumen. Ich wollte auch von älteren Mädchen wahrgenommen werden. Ich wollte nicht mehr als Kind gesehen werden, sondern dazugehören zu denen, von denen ich glaubte, ›bei denen spielt sich das wahre, spannende Leben‹ ab. Sie sollten mich ernst nehmen und mich ihrerseits interessant finden. Das konnte ich einerseits erreichen, wenn ich mich interessant anzog, lila war eine Zeit lang meine bevorzugte Farbe. Ich hatte eine lilafarbene Samthose, die ich sehr liebte und der ich sehr böse war, als sie mir nicht mehr passte, ich kaufte mir dazu ein hell-lilafarbenes Hippie-Halstuch mit blauem Hennamuster, das ich trug, bis es verschlissen war, und auch eine schwarze Lederjacke besaß ich und war sehr stolz darauf. Meine Träume begannen spätestens dann, wenn ich auf die Bergerstraße kam, die nächstgrößere Hauptstraße, die parallel zu unserer Straße verlief und auf der auch der Bus in die Stadt fuhr. Auf der Bergerstraße sah ich auch ab und zu die beiden Jungs, die vielleicht vier Jahre älter waren als ich und die ich sehr hübsch und interessant und bewundernswert fand. Ich stellte mir vor, ihnen zu begegnen, oder wenigstens einem von ihnen, und angelächelt zu werden. Wenn sie mir dann wirklich über den Weg liefen oder ich ihnen, würdigten sie mich entweder keines Blickes oder aber sie schauten mich ganz anders an, als ich es mir wünschte. Sie sollten mich anschauen, als wäre ich interessant, und nicht, als wäre ich noch ein Kind. Also mit einem Strahlen oder einer Bewunderung in den Augen. Das taten sie aber nicht. Sie schauten eher von oben herab lächelnd auf mich. So jedenfalls empfand ich ihre Blicke. Aber ich hoffte bei jeder Begegnung aufs Neue. Manchmal stand ich an der Bushaltestelle und wartete direkt auf sie oder auf wenigstens einen von den beiden, um zu gucken, ob sich in ihrem Blick etwas verändert hatte, ob sich etwas Anerkennendes hineingemischt hatte.«

17. »Da kann ich doch nichts dafür.«

Wenn Eltern sich streiten

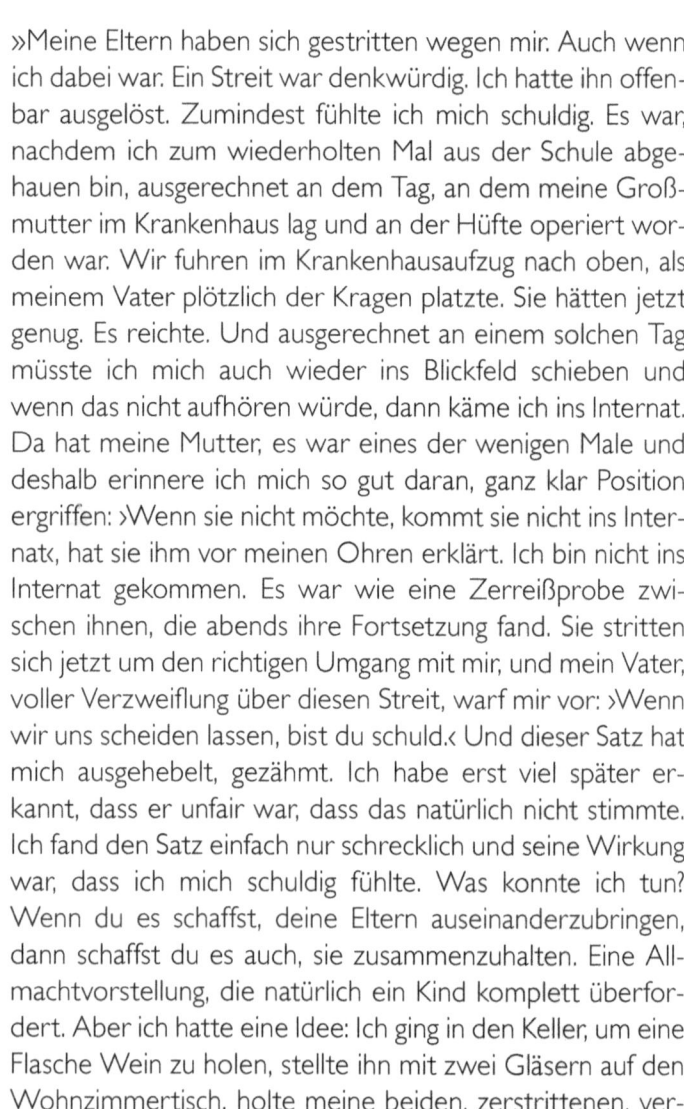»Meine Eltern haben sich gestritten wegen mir. Auch wenn ich dabei war. Ein Streit war denkwürdig. Ich hatte ihn offenbar ausgelöst. Zumindest fühlte ich mich schuldig. Es war, nachdem ich zum wiederholten Mal aus der Schule abgehauen bin, ausgerechnet an dem Tag, an dem meine Großmutter im Krankenhaus lag und an der Hüfte operiert worden war. Wir fuhren im Krankenhausaufzug nach oben, als meinem Vater plötzlich der Kragen platzte. Sie hätten jetzt genug. Es reichte. Und ausgerechnet an einem solchen Tag müsste ich mich auch wieder ins Blickfeld schieben und wenn das nicht aufhören würde, dann käme ich ins Internat. Da hat meine Mutter, es war eines der wenigen Male und deshalb erinnere ich mich so gut daran, ganz klar Position ergriffen: ›Wenn sie nicht möchte, kommt sie nicht ins Internat‹, hat sie ihm vor meinen Ohren erklärt. Ich bin nicht ins Internat gekommen. Es war wie eine Zerreißprobe zwischen ihnen, die abends ihre Fortsetzung fand. Sie stritten sich jetzt um den richtigen Umgang mit mir, und mein Vater, voller Verzweiflung über diesen Streit, warf mir vor: ›Wenn wir uns scheiden lassen, bist du schuld.‹ Und dieser Satz hat mich ausgehebelt, gezähmt. Ich habe erst viel später erkannt, dass er unfair war, dass das natürlich nicht stimmte. Ich fand den Satz einfach nur schrecklich und seine Wirkung war, dass ich mich schuldig fühlte. Was konnte ich tun? Wenn du es schaffst, deine Eltern auseinanderzubringen, dann schaffst du es auch, sie zusammenzuhalten. Eine Allmachtvorstellung, die natürlich ein Kind komplett überfordert. Aber ich hatte eine Idee: Ich ging in den Keller, um eine Flasche Wein zu holen, stellte ihn mit zwei Gläsern auf den Wohnzimmertisch, holte meine beiden, zerstrittenen, ver-

zweifelten Eltern an den Tisch und forderte sie auf anzustoßen. Das taten sie auch. Mein Vater war dankbar. Meine Mutter machte notgedrungen mit. Einerseits wollte sie vor mir nicht weiter streiten, andererseits hemmte sie, glaube ich, auch ihre Angst vor einer möglichen Aggression meines Vaters. Ich war ziemlich schockiert über die Drohung meines Vaters und seine Aussage, ich sei schuld an einer Trennung meiner Eltern. Erst einige Zeit später wurde mir klar, dass ihm das einfach in seiner Verzweiflung herausgerutscht war. Ich hätte nicht schuld gehabt, wenn meine Eltern sich getrennt hätten, es hätte andere Gründe dafür gegeben.«
(Tina, 52 Jahre alt, Mutter einer 18-jährigen Tochter und eines 16-jährigen Sohnes)

Kinder fühlen sich fast immer schuldig, wenn ihre Eltern sich trennen, und sie brauchen unbedingt die Information, dass sie nichts dafür können. Es muss ihnen jemand ganz klar sagen:»Du bist nicht schuld, du kannst nichts dafür, aber du kannst auch nichts daran ändern.« Denn nur diese Klarheit entlastet sie, auch wenn es vielen Eltern nicht leichtfällt, das ihren Kindern so deutlich zu sagen, während sie selbst vielleicht noch – frisch getrennt – mit ihren eigenen unklaren Gefühlen beschäftigt sind. Eine andere Klarheit, die Kinder, deren Eltern sich trennen, brauchen, ist:»Wir bleiben beide weiter für dich zuständig. Und keiner ist dir böse, wenn du bei dem anderen bist und dich dort wohlfühlst. Im Gegenteil: Wir werden den Kontakt zum anderen Elternteil unterstützen und uns mit dir freuen, wenn du dort eine glückliche Zeit verbringst.«

 Matthias, 49, Vater von zwei Kindern, hat die Trennung seiner Eltern erlebt, als er knapp 15 war. Diese Trennung hatte sich angekündigt, sagt er. Als Kind hatte er schon heftige Streits miterlebt:»Ungeschickterweise haben meine Eltern sich immer abends gestritten. So: ›Wir warten bis das Kind im Bett ist und dann streiten wir uns.‹ Dann wirst du natürlich wach und dann kriegst du alles mit. Es gibt viele Situationen, in denen ich mich selber sehe, wie ich an der Türschwelle stehe und ihren heftigen Streit verfolge ...« In Gesprächen haben die Eltern versucht, ihn auf ihre Seite zu bringen:»Das war auch immer so ein Tauziehen: ›Guck mal, was der Vater schon wieder gemacht hat. Ist das nicht unverschämt?, Guck mal, was deine Mutter wieder gemacht hat.‹ Bis dahin, dass sie sich am Ende trennten, ich bei meiner Mutter blieb und ich immer merkte: Die zog mich in so eine Rolle rein, in der ich einerseits wie ein Ersatzpartner Dinge mit ihr diskutieren musste, die mich, fand ich, nichts angingen. Und zum anderen kam ich mir vor wie eine Trophäe. Als würde meine Mutter signalisieren: Ich hab gewonnen.« Nachdem die Eltern sich getrennt hatten, riss der Kontakt zu seinem Vater ab:»Meine Mutter hatte das irgendwie so zu Wege gebracht, sozusagen so ein Bild aufzubauen, das besagte: ›So, dein Vater ist jetzt gegangen, er hat eine neue Frau und uns hier im Stich gelassen, wir müssen jetzt zusammenhalten, der ist der Böse ...‹ Es gab halt von meiner Mutter so eine subkutane Anspruchshaltung an meine Emotionalität: ›Bitte fühl das jetzt so, wie ich das fühle. Ich möchte, dass du das so empfindest‹, auch gerade in ihrem Verhältnis zu meinem Vater. Das fand ich zum Teil grenzüberschreitend und respektlos, weil ich dachte, die zwingt mich da in was rein, was ich gar nicht so empfinden möchte ... Ich hab gemerkt, dass es richtig unangenehm werden würde, wenn ich mich da anders positioniert hätte. Also wenn ich meiner Mutter gesagt hätte: ›Passt mal auf, ihr habt eure Ehe geschieden, das bist du wahrscheinlich genauso schuld wie mein Vater, den treff ich jetzt mal schön mit seiner neuen Frau‹, dann wär es schwierig geworden, glaub ich. Sie hat meine Solidarität erwartet, die hab ich ihr damals auch gegeben.«

In den Elterngruppen fragen Eltern häufig:»Was machen wir denn, wenn wir uns nicht einig sind?« Früher habe ich sie immer ziemlich kühn ermuntert:»Nutzen Sie Ihre Unterschiedlichkeit.« Bis mich eines Tages ein Paar gelehrt hat, dass es so einfach nicht ist: Sie erzählten, wie sie mit ihrer 14-jährigen Tochter eines Sonntagabends von einem Tagesausflug aus einem Freizeitpark zurückkamen. Als sie zu Hause waren, hat die Mutter die Tochter aufgefordert, sich hinzusetzen und noch eine Stunde Englischvokabeln zu lernen. Der Vater, bei der Vorstellung, er selbst würde jetzt noch eine Stunde an den Schreibtisch geschickt und müsste sich geistig anstrengen, hat sich direkt auf die Seite der Tochter geschlagen und seiner Frau erklärt:»Das Mädchen ist doch jetzt kaputt, die hat jetzt einen langen anstrengenden Tag hinter sich, du kannst sie doch jetzt nicht dazu verdonnern, noch Englischvokabeln zu lernen.« Etwa eine Stunde habe der Streit gedauert, der sich zwischen den Eltern über den Kopf der Tochter hinweg darüber entfachte, was sie jetzt tun sollte. Sie saß schweigend mittendrin, während über ihr die Argumentationsgeschosse für und gegen ihr Vokabellernen hin und her flogen. Was glauben Sie, wie sich das Mädchen gefühlt hat?

Eigentlich ist es ja das Normalste auf der Welt, dass zwei Menschen nicht einer Meinung sind. Das ist eigentlich die Regel. Einigkeit ist die Ausnahme. Zwei verschiedene Meinungen sind gut. Sie zeigen: Es gibt nicht nur eine Vorstellung, wie das Leben geht, es gibt viele, mindestens aber zwei. In der Erziehung allerdings kann es zu Problemen kommen, wenn zwei widersprüchliche Erziehungsvorstellungen bei einem Kind zusammenlaufen. Das größte Problem dabei hat übrigens das Kind. Die Empfehlung »Nutzen Sie Ihre Unterschiedlichkeit« bringt's nur unter zwei Bedingungen: Erstens: Die Eltern müssen sich gegenseitig lassen können. Das wiederum setzt voraus, dass sie einander vertrauen, dass sie ganz klar davon ausgehen:»Der andere macht es zwar anders als ich, aber das ist genauso gut. Nur eben anders.« Zweitens: Eltern sollten sich nicht vor dem Kind über das Kind streiten. Denn damit funktionalisieren sie ihr Kind. Manchmal haben solche elterlichen Streits über die Kinder mehr mit der Beziehung der Eltern zu tun als mit den Kindern. Wer setzt sich durch? Wer wird mehr beachtet, das Kind oder ich?, sind Fragen, um die es eigentlich geht. Bah, nicht so leicht zu erkennen und noch weniger leicht darauf zu reagieren.

Aber wir können trotzdem was tun, uns nämlich gelegentlich mal fragen: Was steht eigentlich hinter dem Streit, den wir über die

Kinder führen? Wer weiß es besser? Wer hat recht? Dein Anspruch, den du an das Kind stellst, geht mir auf den Geist, weil du zu mir manchmal genauso bist. Manche Eltern führen über das Kind auch die Konkurrenzkämpfe weiter, die sie mit ihren Geschwistern um die Gunst der Eltern hatten. Wen haben sie lieber? Wem stehen sie näher? Was als Kind ein normaler Kampf ist, den die Eltern entschärfen können, indem sie die Geschwister nicht gegeneinander ausspielen, nicht ungerecht behandeln, ist für ein Kind, wenn Eltern miteinander um seine Aufmerksamkeit in den Kampf gehen, ein Problem. Es kommt in Loyalitätskonflikte und auch wieder in eine Machtposition, der es nicht gewachsen ist. Es muss ein Problem lösen, das es nicht lösen kann. Oft sind es Scheinkämpfe, die wir mit unseren Partnern führen, hinter denen sich Eigenes verbirgt. Denn eigentlich wissen wir, dass weder die eigene Erziehungsidee noch die des Partners wirklich Schaden anrichten wird. In der Regel jedenfalls nicht.

18. »Ein bisschen mehr Vorbereitung hätte mir die Angst genommen.«

Nicht mehr Kind und noch nicht erwachsen

Als meine Brust zu wachsen begann, wusste ich nicht, was das war. Ich drückte darauf und es schmerzte und ich war in Sorge, dass ich krank sein könnte. Ich fragte auch meine Oma um Rat, die ebenfalls draufdrückte und auch nicht weiterhelfen konnte. Die Sache war mir unheimlich. Meine Mutter habe ich damals nicht gefragt, ich glaube, das war mir auch peinlich, weil ich das Gefühl hatte, es könnte ihr peinlich sein. Vielleicht waren meine Eltern aber auch einfach nicht zu Hause zu dem Zeitpunkt, als es mich am stärksten beunruhigte.

Mädchen, die heute in der Grundschule guten Aufklärungsunterricht haben, wissen ziemlich genau über das Brustwachstum Bescheid. Ich mache seit vielen Jahren mit meiner Kollegin Katrin Sanders die Aufklärungsserie »Herzfunk«. Wir nehmen Fragen, die Kinder zu den Themen »Liebe, Körper und Gefühl« an das Kinderradio des WDR schicken, mit in Grundschulklassen und fragen dort andere Kinder nach den Antworten.

Ein Kind hatte die Frage gemailt:»Wie wächst der Busen?« Die Antworten der Kinder waren sehr informiert und klangen unter anderem so:»Der Busen liegt zwischen den beiden Brüsten«, »Dann fängt zuerst die Brustwarze an zu wachsen, dann kommt ein Knubbel und im Laufe der Pubertät wächst der immer weiter und dann fangen auch die Brüste an zu wachsen und dann irgendwann schwabbeln die dann runter.« Das hätte mir damals wahrscheinlich geholfen, wenn ich das gewusst hätte, auch wenn ich das mit dem Schwabbeln vielleicht eher bedrohlich gefunden hätte, wobei die Gefahr bei mir nicht wirklich gegeben war, aber das wusste ich natürlich zu dem Zeitpunkt noch nicht, es war allerdings auch nicht mein Problem.

Aufklärung gab es bei uns nicht groß. Mein Vater erklärte eher in derben Worten, was einem passieren könnte, wenn man im Dunkeln auf der Straße war und ein fremder Mann kam. Meine Mutter hatte sich vorgenommen, mit mir die Bravo durchzulesen, von der sie wusste, dass ich sie las, und von der sie nicht so viel hielt. Aber dazu ist es nie gekommen. Einmal gab es einen Anlauf, aber irgendetwas kam dazwischen und dann hat die Entwicklung, meine Entwicklung, das Projekt überholt. Ich holte meine Infos nicht mehr aus der Bravo, sondern aus dem »wahren Leben«.

Meine erste Periode ließ ziemlich lange auf sich warten. Ich bekam sie, gefühlt, nachdem alle anderen in der Klasse sie schon hatten, vielleicht einige auch noch nicht, aber was das anging, kam ich mir wie das absolute Schlusslicht vor. Auf jeden Fall konnte ich es kaum erwarten, sie zu bekommen. Endlich beim Sport auf der Bank sitzen zu dürfen, mit dem Vokabelheft, das meine Mutter abzeichnen musste, und dass der Sportlehrerin und allen Mitschülerinnen den Beweis lieferte, dass ich sie hatte, die lang ersehnte Blutung, über die man nicht direkt sprach. Wenn, dann nur in Andeutungen. »Hast du auch...?«, »Guck mal...«, »Ich hab meine Tage«, war noch der deutlichste Satz, den man schon schwer genug über die Lippen brachte. Andererseits war er auch gewichtig. Für mich bedeutete das vor allem: endlich dazugehören, endlich erwachsen sein, ein körperliches Zeichen zu haben, das ganz klar einen Unterschied zu der Zeit davor markierte: »Aha, kein Kind mehr.« Binden kaufte mir meine Mutter. Und sie erklärte mir im Bad auch, wie man sie anlegte. Tampons kamen erst später. Wie die funktionierten, erfuhr ich von einer Freundin, die dazu einen Tampon unter den Wasserhahn hielt.

Stefanie, 42, Mutter einer 14-jährigen Tochter, hat eine große Not erlebt, als sie zum ersten Mal ihre Tage bekam. Das passierte bei ihr sehr früh. Ab dem Zeitpunkt, als sie sich körperlich zur Frau entwickelte, wurde in ihrer Familie »Körperlichkeit vollkommen weggeschlossen«, so empfand sie es. »Ich fand's total furchtbar. Ich weiß noch, dass ich in der Grundschule die Erste war, der Achselhaare wuchsen, und meine ganzen Freundinnen, die waren ja glatt wie Babypopos. Ich hatte echt Not. Oh, wenn ich daran denke, das war echt Panik. Wie verstecke ich das? Ich möchte nicht, dass die das sehen. Ich war ja aufgrund meiner Körperfülle eh schon dezenten Hänseleien ausgesetzt und dann hast du auf einmal auch noch an Körperstellen Haare, wo du vorher keine hattest. Damals gab es die ganzen Serien, ›Dallas‹, ›Denver Clan‹, da hatten die ganzen Damen ja auch diese Haare nicht an diesen Stellen und ich kam mir vor wie ein Alien. Ich fand's total schrecklich und ich wusste nicht, wie ich das wegkriege. Ich war halb hysterisch. Und ich meine: Wen willste fragen? Ich konnte meine Mutter ja nicht fragen: Wie mach ich das denn jetzt? Ich hab mit niemandem über gar nix gesprochen. Und schon gar nicht mit meiner Mutter über Körperliches. Wir hatten auch nie die klassischen Aufklärungsgespräche oder Mutter-Tochter-Gespräche. Das gab's bei uns überhaupt nicht. Ich konnte nicht zu meiner Mutter gehen, als ich die ersten Haare an mir entdeckte, und ich bin nicht zu meiner Mutter gegangen, als ich das erste Mal meine Tage gekriegt hab. Ich hab das alles mit mir abgemacht. Ich mein, okay, wir hatten ja in der dritten Klasse Aufklärungsunterricht, und dass da irgendwas auf mich zukam, wusste ich ja. Das Einzige, was ich zum Thema Monatsblutung wusste, hab ich erfahren, weil ich früher gern mit meinen Eltern schwimmen gegangen bin. Und es kam dann hin und wieder vor, dass meine Mutter nicht mitschwimmen konnte. Und natürlich hab ich gefragt: ›Warum gehst du nicht mit schwimmen?‹ Und dann hat sie immer gesagt: ›Weil die Mama ganz krank ist.‹ Das hat für mich bedeutet: Oh, die Mama ist ganz krank. Dann müssen wir sie in Ruhe lassen und pflegen. Was natürlich auch ein schöner Aspekt der Monatsblutung ist, wenn man dann gepflegt wird. Aber da ich immer gerne schwimmen gegangen bin, hab ich mir gedacht: ›Okay, die Mama ist jetzt krank, weil jetzt blutet die und Blut ist ja prinzipiell auch mal nix Gutes, ist ja auch ein Zeichen von Krankheit.‹ Ich hab das alles miteinander verknüpft und dachte mir: Das möchte ich nie im Leben haben. Und dann bekam ich auch noch an Karneval das erste Mal meine Tage und fand das ganz grauenvoll und hab es niemandem gesagt. Und, ich meine, wie das so ist, als junges Mädchen, wenn du keine Anleitung hast, wie das jetzt mit der Monatshygiene laufen soll, natürlich blutest du mal daneben und hast mal den Schlüpfer voll und so. Den hätte ich aber auch nicht in die Wäsche tun können, weil dann meine Mutter ja gewusst hätte, was jetzt war, und dann hätte ich ja infolgedessen auch nicht mehr schwimmen gehen dürfen. Also es war ein totaler Teufelskreis. Dann bin ich hingegangen, ich hatte einen Schreibtisch mit abschließbaren Schubladen und hab dann jeden Schlüppi, der dreckig war, eingeschlossen. Das war ein Drama. Bestimmt ein halbes bis ein dreiviertel Jahr hab ich Schlüppis gesammelt. Irgendwann, ich weiß nicht, was meine Mutter dazu getrieben hat, hat sie mein Schreibtischschloss aufgebrochen und das ganze Ausmaß gesehen. Das war mir total peinlich. Meine Mutter wollte mich dann direkt zum Gynäkologen schleppen, aber ich war ja nicht krank ... und dann wollte sie einen Kalender anlegen, wo sie DAS dann irgendwie eintragen wollte. Und das wollte ich überhaupt alles gar nicht. Es wurde auch nicht benannt, was DAS ist. ›Du sagst mir, wenn DAS passiert, und dann trage ich es in den Kalender ein.‹ Dann hab ich dann hin und wieder gesagt: ›DAS ist jetzt passiert.‹ Ich hab es aber meistens freitags gesagt, dass DAS passiert, weil ich ja am Donnerstag zum Schwimmen gegangen bin. Und deshalb war ja dann immer Zeit dazwischen, dass ich DAS haben konnte.«

Viele Eltern Jugendlicher sind ohne Sprache aufgewachsen, was das Thema »Körper und Sexualität« anging. Mädchen und Jungen.

Sven, 44, Vater eines 15-jährigen Sohnes und einer 10-jährigen Tochter: »Obwohl ich sehr offene Eltern hatte, ist das kaum ein Thema gewesen bei uns zu Hause. Einmal musste ich mit meinem Vater reden wegen einer sexuellen Krankheit. Erst wusste ich nicht, an wen ich mich wenden sollte, da hab ich mich natürlich an meinen Vater gewandt. Für mich wäre kein anderer infrage gekommen als mein Vater. War ja der Einzige. Also meine Mama ist ja anders als ich vom Körperbau. Für mich war es logisch: Er ist es. Der hat ruhig reagiert. Wir sind zum Arzt gegangen. Aber im Vorfeld über Sexualität, über Kondombenutzung, über die Gefahren, was Sex mit sich bringen kann, zu reden, das gab es nicht. Überhaupt nicht. In der Schule hat man auch wenig darüber geredet. Es war kein Thema und die Eltern haben sich vielleicht gedacht: ›Muss ich nicht drüber reden. Kriegt der schon alles hin.‹ Ein bisschen hätte ich mir schon gewünscht, darüber zu reden. Also ganz praktische Sachen, zum Beispiel, wie man ein Kondom benutzt. Vielleicht hätte ich auch gerne ein bisschen mit dem Vater über das andere Geschlecht geredet. ›Wie verhalten sich Frauen?‹ Man ist ja schon ein bisschen aufgeschmissen als Teenager. Dass man anders tickt, dass zwei Geschlechter anders ticken, das ist halt so und das musste man sich alles erarbeiten. Gar nicht so einfach. Da hätte ich auch nie mit einem Kumpel drüber geredet. Nicht in der Pubertät jedenfalls. Damals war das für mich komplettes Neuland. Ich hab gemerkt, dass sich im Körper viel tat, aber das musste ich alles alleine mit mir ausmachen. Warum habe ich jetzt diese Gefühle zum Beispiel? Was juckt denn da? Wir haben nicht darüber geredet. Muss ich probieren. Trial and error. Empirisch.«

Frühstarter

Heute ist alles früher als früher. Den Eindruck kann man haben, wenn man auf die körperlich weit entwickelten Jugendlichen schaut, die mit 14 schon aussehen wie 18. »Da stehen plötzlich voll entwickelte Blondinen vor dir, wenn du's nicht weißt, kommst du nicht drauf, dass die erst 14 sind«, staunte ein Vater einer 14-Jährigen über die Freundinnen seiner Tochter.

Die »Endlich-dazugehören-Sehnsucht«, die für mich ein Problem war, mit dem ich in meiner Jugend schwer gekämpft habe, hat sich heute für einige Mädchen in das krasse Gegenteil verkehrt.

Manche neun- und zehnjährigen Grundschülerinnen sind starr vor Schreck, wenn sie, noch im Baumkletter- und Kuscheltiermodus rote Flecken in ihrer Unterhose entdecken. »Was ist das? Jetzt schon?« anstatt »endlich«. Im Herzfunk schrieb uns eine 12-Jährige voller Sorge: »Wann hören die Brüste auf zu wachsen?«

Und die Entwicklung geht tatsächlich in die Richtung, dass Kinder früher dran sind als zu unserer Zeit. Umwelteinflüsse, wie künstliches Licht und klimatische Veränderungen, hormon- und antibiotikahaltige Ernährung oder Cremes, Shampoos und Haarfärbemittel sind Hauptverursacher dieser Entwicklung. Den Jungs geht es nicht viel anders, was den vorgezogenen Zeitpunkt der unangemeldeten Hormonaktivitäten in ihrem Körper betrifft: Auch der erste Samenerguss ist früher als früher und mit ihm die gesamte körperliche Reifung. Insgesamt beginnt die Vorpubertät allerdings bei den Mädchen zwei Jahre früher als bei den Jungen.

Psychisch sieht die Sache anders aus. Die Seele ist noch nicht so weit und das ist ein Problem. Ältere Mädchen, die ich gefragt habe, kennen das sehr gut. Sie alle beneiden Mädchen, die sich körperlich so früh entwickeln, nicht unbedingt: »Ich denke, dass Frühstarter sich körperlich und geistig ihren Mitschülern und Gleichaltrigen nicht richtig zugehörig fühlen und dass es schwer für sie ist, mit ihrer körperlichen Entwicklung klarzukommen und sich damit wohlzufühlen«, erklärte mir die 17-jährige Leona, und die Überlegungen anderer Mädchen dieses Alters klingen ähnlich.

In vielen Fällen von Frühstart sind nicht nur die Kinder, sondern auch die Eltern völlig geschockt, allerdings teilweise aus anderen Gründen: Sie hatten sich an ein gut »handlebares« Kind gewöhnt, das spielt und mit zu Oma fährt und fleißig Klavier übt. Jetzt kommt das erste deutliche Zeichen, dass die Kindheit und damit die ungetrübte Familienidylle vorbei ist, und zwar viel früher als geplant. »Das kam so plötzlich, dass sie kein Kind mehr war«, gesteht ein Vater seine Verunsicherung, als die 12-jährige Tochter den ersten Freund hat und eigene Wege geht, die sie nicht mit den Eltern teilt. Körperliche Entwicklung und allgemein Pubertät schafft Distanz zwischen Eltern und Kind. Scham, das Bedürfnis, nicht über Körperliches zu sprechen, sich nicht mehr unbedingt in der Familie nackt zu zeigen, macht sich möglicherweise breit. Die Atmosphäre ändert sich. Mehr Vorsicht, mehr Distanz, mehr Geheimnis.

Gegen das Überrolltwerden durch die ungefragt einsetzende Geschlechtsreife hilft vor allem eins: Sexualerziehung von Anfang an – in der Familie und in der Schule. Altersgemäß, Schritt für Schritt lernen Kinder alles Wichtige über Körper, Liebe und Gefühle, und zwar schon als Baby.

Eltern von jüngeren Kindern haben oft das Gefühl: Es ist noch zu früh, über Sexualität zu sprechen. Mein Kind will spielen und interessiert sich nicht dafür. Das stimmt nur halb: Kinder interessieren sich dafür, allerdings nicht im erwachsenen Sinne. Sie interessieren sich als neugierige Entdecker und Forscher für ihren Körper, den Köper der anderen und dafür, was man damit machen kann, und haben dabei nicht erwachsene Sexualität im Sinn. Wenn wir das verstehen wollen, müssen wir die Erwachsenenbrille absetzen und die Kinderbrille aufsetzen. Dann merken wir, dass Sprüche wie:»Oh, der Kleine ist aber ganz schön draufgängerisch« oder: »Sie hat`s aber schon faustdick hinter den Ohren«, lediglich eine Mitteilung über die Gedanken der Erwachsenen enthalten, aber nicht über das, was die Kinder herausfinden möchten.

Es gibt nicht das eine Aufklärungsgespräch und keinen fest abgezirkelten Zeitpunkt, ab dem ein Kind reif für ein solches Gespräch ist. Sexualerziehung ist immer wieder mal da. Kinder fragen, wenn ihnen im Alltag etwas auffällt. »Mama, was ist in dem Automaten auf der Autobahntoilette? Papa, wann bekomme ich einen Penis?«, sind Fragen schon von kleinen Kindern. Sie fragen das mit der gleichen Neugier, mit der sie mehr wissen wollen über ein besonderes Tier im Zoo, den neuen Nachbarsjungen oder einen ungewöhnlich großen Bagger, an dem sie vorbeikommen. Kinder, die nicht fragen, sind nicht etwa nicht interessiert, sie haben aus Signalen der Erwachsenen gelesen: »Das ist eine heikle Sache, da frage ich mal besser nicht.«

Jugendliche fragen, wenn sie Vertrauen haben können, wenn sie wissen, dass sie nicht ausgelacht werden. Sie fragen, wenn sie keine Moralpredigten oder lange Vorträge zu erwarten haben, wenn sie beispielsweise im Internet auf Pornos gestoßen sind oder ein Foto mit nackter Brust von sich ins Netz gestellt haben oder Sex ohne

Verhütung hatten. Sie fragen, wenn sie wirklich Hilfe brauchen und in der Vergangenheit die Erfahrung gemacht haben, dass es Erwachsene in ihrer Umgebung gibt, die nicht empört reagieren, sondern denen sie vertrauen können.

19. »Das geht euch erst mal gar nichts an.«

Erste Liebe und Liebeskummer

Gegen Liebeskummer kann man nichts machen. Da muss man durch. Und um diese unendlich lange Zeit rumzukriegen, stehen einem verschiedene Mittel, genauer gesagt, maximal zwei, zur Verfügung: Ablenkung oder Betäubung, mehr oder weniger selbstschädigend. Ins Kino gehen, mit Freunden ausgehen, Sport treiben, sich bei melancholischer Musik voll seinem Schmerz hingeben oder dopaminanregende Substanzen zu sich nehmen … Alkohol oder Drogen zum Beispiel. Manche Eltern heute haben die Vorstellung, dass ihre Kinder bei Liebeskummer zu ihnen kommen und sich bei ihnen ausweinen, dass sie ihre Kinder dann trösten und durch diese schwere Zeit begleiten können. Und in manchen Eltern-Kind-Beziehungen ist das auch so. Wahrscheinlich eher noch in manchen Mutter-Tochter-Beziehungen.

Eltern und Jugendliche kommen wieder ganz nah zusammen – die Liebesbeziehung hatte sie schon etwas auseinandergebracht, und jetzt macht Mama Tee, kuschelt sich mit unter die Wolldecke und hört zu. Wenn sie da ist und es aushalten kann, dass die Idylle im nächsten Moment auch schon wieder in Streit, Sich-unverstanden-Fühlen und Distanz umschlagen kann. Denn ein falsches, unsensibles Wort ist schnell gesagt, und zack – gehört die Mutter wieder zu der großen Gruppe Erwachsener, die einen einfach nicht versteht. Ein 13-Jähriger erzählte mir, wie er dieses Problem löst: »Wenn ich Liebeskummer habe, nehme ich meinen Teddybär und weine mit ihm.«

Mein erster Liebeskummer kam im Herbst. Ich weiß es noch genau, weil meine Eltern nicht da waren und ich bei Onkel Fritz und Tante Josi wohnte. Der Typ war 19 und ich 14. Ich fand ihn ziemlich gut. Er stammte aus der Clique meiner Bochumer Freundin Nicky. Motorradfahrer. Aber er »stand« auf Nicky und das muss er mir an dem Tag irgendwie klargemacht haben, jedenfalls war ich am Boden zerstört und weinte auf der kompletten Zugfahrt nach Hause. Tante Josi hatte blitzschnell die Situation erfasst, als ich einsilbig und tränenverschmiert die Tür aufschloss. Sie fackelte nicht lange, sondern öffnete ihren Tabernakel, um ihm zwei Gläser und eine Flasche Sherry zu entnehmen. Das helfe, erklärte sie mir, schenkte sich und mir randvoll ein und prostete mir zu. Dann drückte sie mich an ihre Brust, hörte zu und weihte mich in Frauenweisheiten ein, wie:»Andere Mütter haben auch schöne Söhne, kein Mann ist es wert, dass du um ihn weinst, das haben wir alle schon durchmachen müssen, ein Neuer kommt ganz bestimmt.«

Auch wenn ich nicht grundsätzlich der Auffassung bin, dass wir unseren Kindern beibringen sollten, dass sich Probleme am besten mit Alkohol bekämpfen lassen. Dieser Sherry war eine einmalige Ausnahme und als diese hat er sehr geholfen. Ich weiß nicht, ob ich mit diesem Thema zu meinen Eltern gegangen wäre. Ich weiß nur, dass ich es bei späterem Liebeskummer nicht getan habe. Ich hab gelitten und meinen Freundinnen die Ohren vollgeheult, sodass selbst die manchmal zu viel davon hatten. Rona schrieb während meiner Verliebtheit in Matthi (das war der mit der Mokick und den süßen dunklen längeren Locken), nachdem ich ihr wahrscheinlich zum hundertsten Mal erzählt habe, dass ich Angst habe, das er eine andere liebt:»Hab mich mit Nienchen fast gestritten wegen Matthi. Aber es tut mir leid, in der Sache kann und will ich sie nicht mehr verstehen. Mir ist das stinkegal. Aber wirklich. Jetzt soll sie sich mit ihrem selbst gemachten Problem alleine rumschlagen.«

Das erste Mal

Das erste Mal – bei jedem anders. Wissen und Selbstbewusstsein sind auf jeden Fall hilfreich. Das ist die einhellige Meinung heutiger Eltern, wenn sie auf ihre eigenen ersten sexuellen Erfahrungen zurückblicken:

»Im Sommer vor meinem 16. Geburtstag hatte ich meine erste sexuelle Erfahrung. Die erste Freundin, das war ein bisschen früher. Ich hab mal hochgerechnet: Das war in der sechsten Klasse, als ich so angefangen habe, mir Gedanken über Frauen zu machen. Da war auch eine in meiner Klasse, mit der ich mal so Hand in Hand gegangen bin. Die ersten Anfänge mit einem Küsschen und sich überhaupt unterhalten mit einem pubertierenden Mädchen, das war nicht das Problem. Erst als es auf die richtige Sexualität zuging, da hatte ich das Gefühl, wie, glaub ich, jeder Junge: ›Wie macht man denn das? Krieg ich doch nie hin. Die Frau wird mich nicht haben wollen.‹ Das Ganze etwas vorzubereiten, wäre wahrscheinlich gar nicht schlecht gewesen. Ich meine, ich hab's auch hingekriegt, aber es hätte mir wahrscheinlich ein bisschen die Angst genommen. Besonders beim ersten Mal.« (Thomas, 45, Vater einer 13-jährigen Tochter und eines 11-jährigen Sohnes)

Und noch etwas könnte helfen: Das Wissen, dass nicht alles perfekt läuft und dass Technik alleine nicht reicht:

Jens, 48, Vater von drei Kindern, erinnert sich: »Wir wussten natürlich überhaupt gar nicht, wie das geht. Wir wussten das null. Und was mir da auch extrem im Weg stand, fand ich, war diese totale Idealisierung von Frauen. Weil wir ja auf dem Jungs-Internat gar keine Mädchen in unserem Alter kannten, haben wir sie total idealisiert. Ich hatte das Gefühl, es gibt so diese weiß leuchtende Marienliebe, die kann ich ihr geben, aber diese ganze körperliche Ebene, dachte ich immer, hat damit gar nichts zu tun. Das ist sozusagen ein technischer Vorgang, den ich auch interessant fand, aber ich dachte, das muss man dann irgendwie auch so machen. Das ist bestimmt auch gut. Aber ich hab das nicht in Zusammenhang gebracht. Der ganze weibliche Körper war für mich ein Mysterium, nicht anatomisch – das kannte ich aus dem Biounterrricht – und den Vorgang des Miteinanderschlafens an sich, das kannte ich von Bildern. Aber ich konnte das nicht zusammenbringen. Es fehlte so etwas wie ein Link. Und das stand uns, glaub ich, auch echt im Weg. Das war keine erfüllte körperliche Beziehung. Keiner von uns konnte das so richtig. Wir haben zum ersten Mal miteinander geschlafen und das war so: Wir lagen da so beide und dachten: Das war es jetzt?«

»Ich hatte mir vorgenommen, dass mein erstes Mal nicht stattfinden sollte, bevor ich 16 war. Keine Ahnung warum, wahrscheinlich hab ich geahnt, dass es mir zu früh sein würde, dass ich mich nicht gut dabei fühlen würde. Die ersten sexuellen Annäherungsversuche meines damaligen Freundes hatte ich passiv über mich ergehen lassen. Erlebnisse als 13-Jährige, für die es keine Worte gab, der eher schweigende oder schamhafte Umgang mit sexuellen Themen in unserer Familie hatten bei mir nicht gerade einen vielversprechenden Eindruck hinterlassen. Zumindest kann ich mich nicht erinnern, dass ich mir meine Zukunft als sexuelles Wesen in rosigen Farben ausgemalt hätte. ›Das muss man wohl über sich ergehen lassen‹, war eher meine Haltung. Und so wollte ich die ›Sache‹ bis zu meinem 16. Geburtstag auf jeden Fall hinauszögern. Das musste irgendwie möglich sein. Danach, so hatte ich die Vermutung, würde es sich wahrscheinlich nicht mehr umgehen lassen. Andererseits sollte es dann auch irgendwie passieren, ich wollte ja schließlich mitreden können, wenn Ältere Anspielungen machten. Wissend nicken und lächeln: ›Ich weiß, worum es geht.‹
Andi war der Erste, mit dem ich kurz nach meinem 16. Geburtstag auf der Matratze landete, im Partykeller seiner elterlichen Wohnung. Ich war vorher schon ab und zu dort gelandet, aber ›zum Äußersten‹ war es nicht gekommen. Also: Andi war zwei Jahre älter als ich und kannte sich aus und er hatte – kein unwichtiges Detail – auch ein Kondom. Er hatte schon häufiger probiert, mit mir zu schlafen, ich konnte mich aber immer irgendwie rauswinden, und jetzt hatte ich beschlossen, dass der Zeitpunkt gekommen war.

Ich habe ihn machen lassen und mich mit dem Gedanken getröstet, dass ich ab dem nächsten Tag mitreden könnte. Solche Nachrichten hatten noch nicht die Chance, über Facebook verbreitet zu werden. Ich war mir allerdings auch sehr sicher, dass meine Mitmenschen, besonders meine Freundinnen und die Mädchen in der Schule, mir mein bahnbrechendes Reifeerlebnis ansehen würden und mir gebührend Respekt zollen würden. Mit meinen Eltern habe ich natürlich nicht darüber gesprochen.« (Liane, 54, eine 18-jährige Tochter, ein 20-jähriger Sohn)

Eltern heute sind genauso besorgt, wie Eltern es früher wahrscheinlich auch waren, aber viele gehen anders damit um. Manche diametral entgegengesetzt zu ihren Vorfahren. In den Elterngruppen erlebe ich häufiger Eltern, die in vorauseilendem Gehorsam handeln. Sie wollen alles richtig machen, nichts versäumen und den Draht zu ihren Kindern unter keinen Umständen verlieren. Viele wollen die Steuerung über ihre Kinder behalten – oder die Illusion dessen. In diesem Wunschdenken bieten sie ihren Kindern Sachen an, die diese noch gar nicht »auf dem Zettel« haben: Die Mutter einer 13-Jährigen erzählte in der Elterngruppe, dass ihre Tochter jetzt einen Freund habe. Sie habe sofort reagiert und sei mit ihrer Tochter zum Frauenarzt gegangen. Jetzt habe das Kind die Pille. Ihre Frage an die Gruppe sei jetzt: »Wie kann ich dafür sorgen, dass meine Tochter die Pille auch nimmt?« Sie suchte nach so einem Trick, wie ein Glöckchen auf dem Nachttisch oder ein Erinnerungssmiley am Badezimmerspiegel. Aber die Gruppe wollte erst mal mehr wissen: »Wie lange kennen sich die zwei? Haben sie sich schon mal geküsst? Denken die überhaupt schon an Sexualität?« Das alles wusste die Mutter nicht und sie wollte sich bis zur nächsten Woche schlaumachen. Als sie in der darauffolgenden Sitzung gefragt wurde, was sie herausgefunden habe, erklärte sie: »Die sind nicht mehr zusammen.« Es stellte sich heraus, dass die Beziehung noch keinesfalls beim Küssen angelangt war. Über Händchenhalten waren die zwei in den neun Tagen ihrer Partnerschaft nicht hinausgekommen.

Herr S. lebt von seiner Frau getrennt. Die einzige Tochter Jara kommt alle 14 Tage zu ihm. Er möchte ein neues Bett für sie anschaffen. In der Elterngruppe erzählt er von dem Gespräch mit der Tochter, darüber, dass sie überlegt haben, was sie für ein Bett bekommen sollte. Er habe ganz praktisch gedacht und ihr vorgeschlagen: »Lass uns direkt ein Doppelbett für dich kaufen. Dann hast du schon eines. Früher oder später wirst du einen Freund haben und dann brauchst du sowieso eins.« Der scheinbar praktische Vorschlag, so schildert der Vater, war seiner Tochter einfach nur peinlich. Ihr Vater war in seinem Kopf schon Lichtjahre voraus. Sie war noch nicht so weit. Und: Sie wollte für solche Fragen nicht ihren Vater als Vertrauten, als Mitwisser oder gar als Verbündeten.

»Mein Sohn hat offenbar eine Freundin. Mir hat er es nicht erzählt. Ich weiß es von einer anderen Mutter. Und seinem Vater hat er davon erzählt.« Frau E. ist gekränkt. »Wieso erzählt er es mir nicht? Wenn er es seinem Vater erzählt, könnte er es auch mir erzählen.« NEIN. Dieser Wunsch der Mutter zeigt deutlich ihren Schmerz, den sie empfindet, weil ihr Sohn sich aus der Beziehung, die er als kleiner Junge zu seiner Mutter hatte, verabschiedet. Er wird groß und sucht sich gleichaltrige Beziehungen. Das ist gut so. Aber eben auch manchmal schmerzhaft. Die Enttäuschung der Mutter ist verständlich, hat aber nichts mit dem Wohl ihres Sohnes zu tun. Es geht nicht um uns, wenn die Kinder verliebt sind. Es geht ausschließlich um sie. Sie entscheiden, mit wem sie darüber sprechen möchten. Ein Junge, der seinen Vater als Ansprechpartner für Liebes- und Partnerschaftsfragen ausgewählt hat, hat sich entschieden, mit ihm darüber zu sprechen. Die Aufgabe der Mutter ist in dem Fall: Sich zurückzuhalten und sich heimlich zu freuen, dass es ein Vertrauensverhältnis zwischen Vater und Sohn gibt.

»Ich finde, dass es Eltern überhaupt gar nichts angeht. Grundsätzlich, wenn man Sex hatte oder sich geküsst hat oder Sonstiges gemacht hat, müssen sie es nicht wissen«, erklärt mir die 14-jährige Lia in einem Interview. Und mit dieser Meinung ist sie nicht allein. Auch heute nicht. »Themen wie Sexualität zum Beispiel sollten Eltern nicht ansprechen. Die machen das nur lächerlich. Ich kümmere mich doch auch nicht darum, was meine Eltern im Bett machen«, findet der 14-jährige Jonas. »Meine Eltern haben mich nie kumpelhaft nach meinen sexuellen Erlebnissen befragt, mein Vater hat in Bezug auf mich natürlich spekuliert, was passieren könnte, und hat mir in unmissverständlichen Worten gesagt, was er davon hielt, nämlich nichts. Aber er hat sich nicht anbiedernd verhalten. Meine Mutter schon gar nicht«, erinnert sich die 54-jährige Liane.

20. »Ich warte auf den Richtigen.«

Was den Jugendlichen wichtig ist: Später Sex und Treue

Heute müssen die Jugendlichen den ersten Sex nicht mehr krampfhaft hinauszögern, wie es in früheren Generationen der Fall war. Es ergibt sich eher von selbst. Und, hallo: Die meisten erleben ihren ersten Sex mit 16 und die meisten tun das in einer festen Beziehung mit einer Partnerin oder einem Partner, den sie schon länger kennen. Und die allermeisten verhüten. Das war vor 30 Jahren zwar auch schon bei vielen so, aber heute sind es deutlich mehr.

»Ich war damals einfach nur froh, dass mein Freund die Verantwortung dafür übernommen hat, dass ich mir bei der ganzen Aufregung nicht auch noch Gedanken machen musste, ob ich schwanger geworden war« (Liane, Mutter von zwei Kindern).

Heute, so hat die Bundeszentrale für gesundheitliche Aufklärung in ihrer neuesten Jugendstudie herausgefunden, haben mit 17 mehr als die Hälfte der Jugendlichen Sex, mit 14 fast niemand. Und: Die Mädchen sind, wie in vielen anderen Lebensbereichen auch, etwas früher aktiv als die Jungen. Außerdem sind Kondome total »in«. 1980, als ich 20 war, kümmerten sich noch 29 Prozent der Jungen und 20 Prozent der Mädchen nicht um Verhütung. Heute sind es nur noch acht Prozent der Mädchen und sechs Prozent der Jungen. 73 Prozent geben an, dass sie ein Kondom benutzen. Verhütungsmittel Nummer 2, nach einigem Abstand zum Kondom, ist die Pille.

Mit jemandem zusammen zu sein und Sex zu haben, hieß früher nicht zwingend, nur mit ihm Sex zu haben. In meiner Erinnerung spielte so was wie Treue nicht so eine große Rolle, wie sie es heute bei Jugendlichen und jungen Erwachsenen spielt. Glaubt man Umfragen dazu, ist für Jugendliche und junge Erwachsene Treue heute sehr wichtig. So ab 30 wird dieser Wert etwas schwächer. Treue und Romantik sind heute »in«. Zumindest sagten den Forscherinnen der Bundeszentrale für gesundheitliche Aufklärung die meisten Jugendlichen, bei denen noch nicht viel mehr lief als Küssen, dass sie noch nicht den Richtigen gefunden hätten.

Als ich 17 war, fuhr ich mit meinem Freund Hartwig von Hagen aus in den Urlaub. In einem grünen Ford Granada mit schwarzem Dach, dem Auto seines Kollegen Uli. Wir hatten genau sechs Tage Zeit und wollten nach Südfrankreich. Villefranche, weil die Stones ein paar Jahre zuvor dort eine Villa hatten. Und Hartwig, selbst Musiker, war der ultimative Stones-Fan. Dort in Villefranche haben sie ihre LP »Exile on Main Street« aufgenommen und rauschende Feste gefeiert. Vielleicht war ja doch noch jemand von ihnen da und man konnte Keith Richards im Supermarkt beim Whisky-Kaufen zusehen. Auf jeden Fall war es wichtig, das Anwesen zu beobachten. Seit Hartwig und seine Freunde wussten, dass ihre Idole dort residierten oder schon mal residiert hatten, fuhren sie in allen Ferien dorthin. Mir wollte Hartwig die Villa Nellcote auch zeigen. Aber zuvor ging es noch nach London. Der Grund: Die Runaways gastierten dort. Das war eine amerikanische Mädchen-Rock'n-Roll-Band, als deren Vorgruppe Hartwig mit seiner Band, den Ramblers, kurz vorher in Deutschland getourt hatte. Die Runaways spielten in London und Hartwig wollte sie besuchen. Von diesen sechs Tagen Urlaub, die wir hatten, opferte er, wie ich fand, leichtfertig zu den zweieinhalb Tagen Autofahrt noch einen weiteren Tag, um bei einem Konzert dabei zu sein, das er so ähnlich gerade noch in mindestens siebenfacher Variation gesehen hatte. Ich fühlte mich durch diese Entscheidung überrumpelt, dagegen Sturm zu laufen, wäre mir allerdings nicht in den Sinn gekommen. Hätte womöglich auch keinen Sinn gemacht. So knatterten wir in dem klapprigen Ford zunächst mal Richtung Hammersmith Odeon in London. Nach der Show ging Hartwig hinter die Bühne, um die Rock-Ladies zu begrüßen. Ich wandelte alleine durch das Venue. Als ich irgendwann auf die Bühne schaute, stand er dort knutschend mit der blonden Lead-Gitarristin Lita Ford. Und ich fühlte mich, als wär ich gar nicht da. Beziehungsweise als hätte das eine, also ich, mit dem, was da auf der Bühne mit Lita passierte, nichts zu tun. Es gab keinen Widerspruch, jedenfalls nicht für Hartwig. Was da zuvor auf der Tour zwischen ihnen gelaufen war, ich hatte keine Ahnung. Ich hab keine genauen Erinnerungen mehr an meinen damaligen Gefühlszustand, außer, dass ich die Sache überhaupt nicht toll fand. Vielleicht habe ich auch gedacht: »Im Rockgeschäft ist das eben so.« War es ja auch. Ich konnte halt nicht mitreden, sondern froh sein, dass ich überhaupt dabei sein durfte. Wahrscheinlich hat es nicht weniger geschmerzt, als es heute schmerzen würde. Aber es war kein Hinderungsgrund, mich am selben Abend wieder mit Hartwig ins Auto zu setzen und nun den Weg in den drei Tage dauernden gemeinsamen Urlaub in Südfrankreich anzutreten. Ein anderes Mal standen plötzlich zwei 15-jährige Mädchen im Ramblers-Büro auf der Kampstraße in Hagen. Sie waren von zu Hause abgehauen. Kurz davor hatten die Ramblers in Bellinzona in der italienischen Schweiz ein Konzert gegeben. Hartwig hatte sehr davon geschwärmt. Möglicherweise war das der Grund. Auf jeden Fall war eines der Mädchen wegen Hartwig nach Hagen gekommen. Ich war irritiert, aber keinesfalls abgeschreckt. Ich habe ihm auch keine Szene gemacht. Die »Sache« wurde von Carlo, dem Gitarristen der Band, gelöst. Er »übernahm« das Mädel. Ich fand auch das alles nicht toll, also jedenfalls nicht, dass zwischen Hartwig und einem dieser Mädchen irgendwas gelaufen war, das sie dazu veranlasst hat, von zu Hause abzuhauen, fast 800 Kilometer zu trampen, um in seine Nähe zu gelangen. Aber ich kann mich nicht erinnern, dass mich das aus der Bahn geworfen hätte. Es hatte sicher auch mit meiner Jugend zu tun. Ich kannte nicht so viel anderes und es kam mir vor, als müsste das so sein, als wäre das Erwachsenenleben so, als müsste man das mit in Kauf nehmen, wenn man frei und erwachsen und unabhängig sein wollte, was ich ja alles wollte. Ich habe meinen Schmerz runtergeschluckt. »Aufstehen, Krone richten, weitergehen.«

 »Ich wollte immer, dass die Jungs mir treu waren, aber ich selbst wollte immer gern umschwärmt sein von vielen Leuten, das hat mir dann Bestätigung und Selbstvertrauen gegeben. Vermeintliches Selbstvertrauen«, erzählt die 44-jährige Susanne, Mutter einer 16-jährigen Tochter. »Ich war nie

treu. Bei meiner Tochter ist das anders. Sie hat ihren ersten Freund verlassen, weil er Sex wollte. Da war sie 14. Wir reden ja auch über Sex und sie nimmt ja auch die Pille. Und ich hab auch mal gefragt: ›Na, wie sieht's denn aus? Ist es denn schon mal dazu gekommen?‹ Dann hat sie gesagt: ›Nee, damit warte ich bis der Richtige kommt‹, und das fand ich total gruselig. Es war schon sehr ›old school‹, also wirklich. Hätte auch meine Mutter sein können, die das sagt. Ja, ich mein, klar, ich hab ja auch sehr von der sexuellen Revolution profitiert. Ich konnte mein erstes Mal haben, ohne dass man sich da fürs Leben aneinander binden musste. Aber meine Tochter sagte auch, sie könnte sich das gut vorstellen, nur mit einem Mann Sex zu haben. Wo ich dann auch dachte: Oh, Gott. Was ist denn, wenn du ausgerechnet an einen schlechten kommst? Du hast die anderen ja alle nicht ausprobiert.«

Es gibt einen Song von Colin Vearncombe, von »Black«. »Baby come out of the rain«, heißt die Hookline. Eine schöne, so souveräne Aufforderung an eine Frau, die fremdgeht. »Baby, komm raus aus dem Regen.«

Keine Line, die für Jugendliche heute maßgeblich ist, jedenfalls nicht, wenn man den Umfragen glaubt. Treue ist ein sehr hoher Wert für Jugendliche, Untreue ein absolutes No-Go. Die Frage ist: Womit hat das zu tun? Dieser Wandel? Eine Erklärung, die sich aufdrängt, ist die: Jugendliche leben in weniger verlässlichen Zusammenhängen als wir früher. Trennungen, Scheidungen, die oft damit einhergehen, dass Eltern ihre Kinder eine Zeit lang komplett aus dem Blick verlieren, weil sie so mit ihrem eigenen Schmerz beschäftigt sind, kommen viel öfter vor. Kinder, die oft zwischen zwei Welten hin und her pendeln. Die jede Woche umziehen müssen und sich an die jeweils unterschiedlichen Gegebenheiten in den verschiedenen Haushalten anpassen müssen. Freundschaften, die bei Facebook geschlossen werden, von denen man nicht weiß, wie stabil sie sich in der Realität zeigen würden. Jeden Tag neue Modewellen, die mit einem Klick abrufbar sind und eine Reaktion verlangen. Ein Tempo, das keine Atempause mehr vorsieht. Sehnsucht nach einer festen Säule, etwas Verlässlichem, Unumstößlichem. Etwas, das einen hält und an dem man sich orientieren kann. Einen Leuchtturm, der anzeigt, wo der Hafen ist. Heute ist Treue angesagt. »Wenn du mir fremdgehst, ist es aus«, sagen sich junge Erwachsene. Den Schmerz, die Kränkung zu ertragen, ist für viele unvorstellbar. Meine Freundin Rona und ich haben uns die Treue in der Mädchenfreundschaft geschworen. Halb ernst, halb lächelnd. »Wamba, der treue Knappe« aus Monty Pythons »Die Ritter der Kokosnuss« war unser Vorbild. So nannten wir uns gegenseitig Wamba. »Mein treuer Knappe Wamba«, »Ich werde dir immer treu bleiben.«

»Ich dir auch, liebster Wamba«, waren Dialoge, die wir führten. Dann lachten wir uns kaputt.

21. »Die nehmen mich wenigstens ernst.«

Zusatz-Eltern

Ihre großen Ferien verbrachten meine Eltern mit Freunden im Herbst auf Fernreisen. Drei Wochen waren sie dann einfach weg. Ganz weg. In Indien, Namibia, China, Venezuela, Botswana. Mir kam diese Zeit immer endlos vor und ich sehnte mich danach, dass sie wieder zurückkommen aus diesen für mich anderen Galaxien. Aber es gab auch ein Glück für mich: Weil mein Bruder und ich uns manchmal sehr gestritten haben und meine Eltern das meiner Großmutter nicht zumuten wollten, quartierten sie mich aus. Ich wohnte also nicht zu Hause, sondern bei Tante Josi und Onkel Fritz. Ein Segen. Dort gab es ganz viel, was es bei uns nicht gab. Zum Beispiel morgens fingerdick holländische Schokoladencreme auf frischen Brötchen und eine »Mutter«, die immer präsent war. Tante Josi kam aus Köln. Sie war eine lebhafte Frau mit großer Brust und großem Herz und das saß genau am rechten Fleck. Onkel Fritz war Musiker. Genauer gesagt, Pianist. Er leitete die Musikschule in Hagen und war Professor an der Folkwangschule in Essen. Außerdem ging er auf Konzertreisen nach Japan und China, hatte zu Hause Privatschüler und gelegentlich fanden Hauskonzerte statt. Im Wohnzimmer standen zwei Flügel, ein weiterer in einer Holzhütte, die Onkel Fritz sich im Garten nach Schweizer Alpenstil hat errichten lassen, und dazu noch ein Klavier. Hier spielte er manchmal für sich oder hielt sich dort auf, wenn einer von beiden mal seine Ruhe brauchte. Tante Josi sang manchmal dazu, wenn er spielte. Manchmal sagte sie auch: Alle sagen immer zu mir: »Du hast es gut. Den ganzen Tag Musik im Haus.« Dann lachte sie ihr rheinisches Lachen und erklärte: »Die Leute können sich gar nicht vorstellen, dass das manchmal einfach nur Geklimper ist und dann eine harte Probe für meine Nerven und kaum auszuhalten.« Wenn es auszuhalten war, begleitete sie ihren Mann wie gesagt manchmal oder umgekehrt, er sie. Sie hatte eine helle, klare Stimme und es klang sehr einvernehmlich. Fritz und Josi liebten sich, glaube ich, sehr. Auch wenn Tante Josi manchmal furchtbar auf ihren Mann schimpfte, zum Beispiel, als er einmal von einer seiner Konzertreisen in Japan ein zwölfjähriges Mädchen mitbrachte, die von nun an bei ihnen wohnte. Die Mutter hatte Fritz gebeten, ihre Tochter zu unterrichten und so hat er sie einfach aus Japan mitgebracht, ohne Josi vorher zu fragen, ob es ihr recht wäre, wenn da jetzt noch jemand bei ihnen wohnt. Geschweige denn ob sie bereit sei, sich um dieses Kind, das natürlich furchtbares Heimweh hatte, zu kümmern. Josi hat geflucht, über ihren Mann geschimpft, und sich dann in ihrer mütterlichen, fürsorglichen, liebevollen Art um das Mädchen gekümmert. Sie hat sie bekocht, mit ihr geredet und sie getröstet, wenn sie geweint hat.

Diese herzliche Art, die sie mir auch entgegenbrachte, habe ich sehr genossen. Meine Mutter war anders. Sie war zurückhaltend, ruhig, eher intellektuell und nicht so gut im Kuchenbacken. Aber sie hat mir in der Küche, während sie kochte, das tat sie sonntagabends, mit Mikado-Stäben stricken beigebracht. Ich bin ihr sehr dankbar dafür, dass sie mich zu Josi und Fritz gegeben hat, dass sie nicht eifersüchtig auf Josi war, sondern es mit Wohlwollen gesehen hat, dass ich dort etwas anderes bekam als zu Hause, dass sie mich gelassen hat und froh war, dass es mir dort so gut ging. Ich konnte verschiedene Weisen zu leben, zu genießen, zu streiten und zu lieben kennenlernen. »Unsere Art ist eine Art, das Leben zu meistern, aber sie ist nicht die allein seligmachende, es gibt noch ganz viele andere.«

Es war sonnenklar, dass mein gutes Verhältnis zu Tante Josi meinen Eltern nichts wegnehmen würde, dass ich sie nicht weniger lieben würde, weil ja jetzt ein Teil meiner Zuneigung an Tante Josi und Onkel Fritz ging. Selbst wenn ich manche Dinge bei Josi und Fritz sehr liebte, die es bei uns nicht gab. Tante Josi war Tante Josi und meine Mutter war meine Mutter. Basta.

Die 43-jährige Manuela, Mutter von zwei jugendlichen Kindern, hatte eine enge Verbindung zu ihrer Tante Christa. Ihre Mutter, die eine Kneipe führte, musste viel arbeiten. An ihren Vater erinnert sie sich als jemanden, der »viele

Sachen gemacht hat, die man eigentlich nur alleine machen kann, wie Lesen zum Beispiel«. Christa war eine angeheiratete Tante. »Sie hat mich ernst genommen. Ich bin da schon als kleines Kind hin, meistens sonntags. Die hat mit mir geredet wie mit einem erwachsenen Menschen. Normalerweise hat sie mir einen Kakao gemacht. Wir haben uns dann auf ihr Sofa gefläzt und einfach angefangen zu quatschen, und wenn wir nur über die Schule gequatscht haben oder über sonst irgendwas. Die wusste auch schon früh von meiner Liebe zu meinem jetzigen Beruf (Friseurin). Auch da hat sie mich total ernst genommen. Ich hab sie auch regelmäßig gefragt, da war ich noch keine 10, ob ich sie schminken darf oder ob ich sie frisieren darf. Und Christa hat immer gesagt ›Ja, darfst du.‹ Und dann hat sie ihre Sachen geholt und wir haben den Tisch schön aufgebaut und ich hab sie geschminkt und frisiert. Echt Hochachtung. Ich fand's natürlich immer meisterlich, was ich da gemacht hab, es war wahrscheinlich ganz, ganz schrecklich. Die ist aber so auf die Straße gegangen und hat Kuchen geholt in der Bäckerei. Das hat mir ein großes Selbstbewusstsein gegeben. Fand ich toll. Das war echt super! Und es gab für mich nichts Schöneres. Die hat mich auch schon mal von der Schule abgeholt mit ihrer alten, gelben Ente. Das fand ich total cool, in so einem klapprigen Auto abgeholt zu werden. Da war ich immer sehr stolz. Wenn meine Mutter keinen Bock hatte, mit mir Klamotten einkaufen zu gehen, dann hat sie schon mal Christa gefragt, und die hat dann sofort ›Ja‹ gesagt und dann sind wir einkaufen gegangen. Das war jedes Mal super. Also ich hab ihr dann auch gesagt: ›Ah, ich hab jetzt Nena im Fernsehen gesehen. Die hatte da so einen kurzen Jeans-Minirock an. Meinst du, das steht mir?‹ Und dann kam sie um die Ecke und hatte so einen Rock. Das war toll. Die war halt nur 20 Jahre älter als ich, also vom Alter war sie mir wesentlich näher als meine Mutter. Und sie war in ihrem ersten Job Damenschneiderin und hatte dementsprechend auch ein sehr gutes Modebewusstsein und ein gewisses Trendgespür und war auch immer toll gekleidet. Ich hab mir immer so gewünscht, dass ich sagen kann: ›Das ist meine Mutter.‹ Die war super.«

Der 48-jährige Jens beschreibt es als großes Glück, an richtig gute Lehrer geraten zu sein: »Die Lehrer in meiner Schule waren total entscheidend. Und die verstanden mich. Ich hatte da tolle Leute … Ich hab in der 5. Klasse schon Stücke geschrieben und hab die auch aufgeführt, da war ich elf. Ich kam auf diese Schule und führte mein kleines Stück auf. Irgendein alberner Quatsch, aber es war auch ganz lustig. Und da kam ein Lehrer zu mir und sagte: ›Ich glaub, ich weiß was du für einer bist. Dich find ich gut. Dich lass ich nicht los. Das verfolge ich jetzt.‹ Und der hat mich total aufgebaut immer. Der hat mich in so eine Theatergruppe reingesteckt und hat auch immer gesagt: ›Was schreibst du denn? Ich möchte das lesen. Gib mir das.‹ Bei ihm dachte ich mir immer: Der kapiert total, was ich bin und was ich denke und so was. Unheimlich wichtiger Mensch für mich.«

Gute »Zusatz-Eltern« sind Gold wert. Nicht um besser zu sein als die eigenen Eltern, nicht um mit ihnen zu konkurrieren, sondern weil sie anders sind. Weil sie Dinge erlauben, die die Eltern nicht erlauben (können), weil sie mehr Distanz haben und dann vielleicht toleranter sind. Weil sie bereichern mit ihrer anderen Art, mit einem Blick auf das Kind, den die eigenen Eltern vielleicht gerade nicht haben. Weil sie einen sehen und ernst nehmen. Eltern, die aus einer wohlwollenden Haltung heraus zulassen können, dass es andere Erwachsene für ihre Kinder gibt, bei denen sie gerne sind und mit denen sie Spaß haben, unterstützen dadurch die Entwicklung ihrer Kinder und sorgen unter Umständen für Entspannung einer angespannten Situation zu Hause.

22. »Die Mutter muss weg.«

Locker lassen und Halt geben

»Die sitzen in ihren Kindern«, hat meine Kollegin Angela Krüger über Eltern gesagt, die den Anschein machen, als hätten sie nichts anderes im Kopf als das Wohlergehen ihrer Kinder. Dabei vernachlässigen sie sich selbst, ihren Partner, ihre Freunde, ihren Beruf mehr oder weniger komplett. Es muss nicht so weit kommen, aber Eltern, die nicht ausgehen wegen der Kinder, die nichts alleine unternehmen wegen der Kinder, die sich aufopfern für die Kinder können durch ihr Zuviel genauso fatal auf die Entwicklung der Kinder wirken, wie solche, die sich zu wenig bis gar nicht um sie kümmern. Die einen ersticken ihre Kinder, die anderen lassen sie verhungern. Im Extremfall jedenfalls. Mit dem Wohl der Kinder hat das in der Regel wenig zu tun. Es gibt natürlich sehr viele Nuancen. Aber die Situation von: »Zu viel Eltern« oder zu viel »Mutter« (meistens sind es die Mütter – auch heute noch) birgt jede Menge Fallen, in die man als Eltern tappen kann.

Eine Mutter erzählte in der Gruppe für Eltern Jugendlicher, wie eng sie mit ihrem Sohn verbunden ist. Sie lebt allein mit ihm, der Vater taucht nur sporadisch auf. Der Junge sei immer gut in der Schule gewesen und jetzt, wo es um die Abschlussprüfungen geht, klappe gar nichts mehr. Sie als Mutter sei immer da. Sie stehe virtuell immer neben ihm. Der Sohn empfinde großen Prüfungsstress, unter anderem weil er sie nicht enttäuschen möchte, aber auch die Oma nicht und gefühlt alle Generationen vor ihm auch nicht. Die Mutter kümmert sich um ihn, spricht mit ihm, kocht Tee und reicht Essen. Sie diskutiert mit ihm und ruft den Schuldirektor an, um ihm die schwierige Lage ihres 18-Jährigen zu erklären. Sie selbst kenne auch solchen Prüfungsstress. Sie sei bis zum Abitur vollkommen unselbstständig gewesen und habe an der Nabelschnur der Mutter gegangen. Wenn sie von ihrem Sohn spricht, spricht sie von »Das Kind«. Die anderen Eltern spiegeln ihre Eindrücke: Sie sehe den Sohn nicht als jungen Mann, der selber Entscheidungen treffen kann. Man spüre förmlich den Druck des Sohnes und den Druck der Mutter. »Locker lassen«, sei die Parole. Etwas tun, das Spaß bereitet, eine Reise nach Paris, Bier trinken, mit Freunden zusammen sein, aber auf jeden Fall soll der Sohn mehr ohne die Mutter sein. »Die Mutter muss weg«, entfährt es einer anderen Mutter und damit bringt sie die problematische Seite der engen Mutter-Sohn-Symbiose auf den Punkt.

Manchmal ist die »Überfürsorge« sehr subtil. Müttern ist nicht klar, welche Wirkung das in den Köpfen ihrer Kinder haben kann.

Matthias, 49, Vater von zwei Kindern, hat das als grenzüberschreitend empfunden: »Ich hab immer Sorge davor gehabt, vor dem zu großen Mitgefühl meiner Mutter. Das geht mir heute auch noch so. Ich hab immer das Gefühl, wenn ich ihr jetzt heute erzähle, es geht mir gesundheitlich nicht gut, dann beschäftigt sie das so sehr, dass sie mich die ganze Zeit damit penetriert. Und zwar nicht nur wenn sie mich anruft oder mich besucht. Sondern ich weiß, das ist immer in ihrem Kopf drin. Ich wollte damals schon nicht und auch heute nicht, dass Gedanken, die mir wichtig sind, noch in einem anderen Kopf die ganze Zeit bewegt werden, und da Urteile gefällt werden, auf die ich keinen Zugriff habe.«

Man kann sie beobachten, überall, die unsichtbar an ihre Mütter geketteten Kinder und Jugendlichen. Im Urlaub gehen sie mit der Mutter ins Wasser, spielen mit ihr Karten, gehen mit ihr essen. Sie sind einer Person ausgeliefert, ein unsichtbares Gefängnis. »Du hast nur mich und ich hab nur dich.« Das macht aggressiv und manchmal auch depressiv. Unerträglich für beide Seiten.

»Wir können uns beim Essen gar nicht gegenübersitzen. Wir essen oft getrennt, dann müssen wir uns nicht angucken und anschweigen«, erzählt eine Mutter. Ihr Sohn hat eine wahnsinnige Wut. Der Vater ist weit weg. Geschwister gibt es keine, er hat nur sie. Er empfindet Liebe und Hass gleichzeitig. Um aus dieser Zwickmühle herauszukommen, rebelliert er mit allen ihm zur Verfügung stehenden Mitteln: Er beschimpft seine Mutter, sobald sie zur Tür reinkommt, er beklaut und belügt sie, er schwänzt die Schule. Und er hat Angst und sucht ihre Nähe. Nachts kommt er manchmal und möchte zu ihr unter die Decke. Beide sind verzweifelt. Um aus dieser Verzweiflung herauszukommen, ist es wichtig, damit nicht alleine zu bleiben. Leute reinzuholen. Freunde, Verwandte, Bekannte, professionelle Helfer. Die Tür zu öffnen für Personen, die etwas anderes zur Verfügung stellen, die einen Puffer bilden zwischen Mutter und Kind, die entlasten.

Warum es gerade in der Pubertät schwierig wird

Die Pubertät ist die Zeit der Ablösung. Das ist für manche Eltern schwer. Unerträglich. Sie empfinden die Selbstständigkeitsbewegungen ihrer Kinder als persönlichen Angriff. Sie erleben jeden Schritt hinaus in die Welt als Schritt gegen sich. Laura kam in die Beratung, als sie 14 war. Ihre Eltern lebten getrennt und sie wohnte mit ihrer jüngeren Schwester Elena bei ihrer Mutter. Alle 14 Tage besuchten sie den Vater, der mit seiner neuen Frau und deren zwei Töchtern in dem Haus, das zuvor ihr Haus war, lebte. Die neuen Töchter waren nach ihrem Auszug direkt in ihre Zimmer eingezogen. Wenn Laura und Elena zu Besuch kamen, schliefen sie auf dem Sofa im Wohnzimmer. In der neuen Familie des Vaters herrschen andere Regeln als bei der Mutter. Man darf nicht duschen, wann man will, und nicht ungefragt an den Kühlschrank gehen. Man darf sich am »Vaterwochenende« nicht mit Freunden treffen und schon gar nicht dort übernachten. Der Vater will sie dann bei sich haben. An seiner Seite sollen sie ihn auch stärken gegen seine neue Familie. Einige Zeit ist das alles gut gegangen, bis Laura in die Pubertät kam. Jetzt wollte sie die Regeln nicht mehr so hinnehmen, wollte raus, wollte sich schicker anziehen, zum Sport gehen und abends noch duschen. Sie interessierte sich für Jungs. Der Vater war außer sich und tief gekränkt. Er wurde selbst zum Kind. »Wie konnte seine Tochter ihm das antun«, war seine Frage. Es kam zu unschönen Streits, in denen er ihr vorwarf, dass sie undankbar sei. Seine Reaktion auf die empfundene Kränkung: Er stellte jegliche finanzielle Unterstützung ein. Keine neue Kleidung mehr, kein Handy. Er beschimpfte sie, machte Vorhaltungen, interpretierte ihre Freiheitsbestrebungen als Angriffe gegen sich. Nach vielen Versuchen, bei ihm um Verständnis zu werben, hat Laura den Kontakt abgebrochen. Aber sehr darunter gelitten. Elena, die jüngere Schwester, ist weiter zum Vater gegangen. Sie war nun »Papas Liebste«. Als sie in die Pubertät kam, passierte das Gleiche wie bei ihrer Schwester. Der Vater fühlte sich durch ihre Autonomiebestrebungen persönlich gekränkt. Auch sie hat schweren Herzens den Kontakt abgebrochen.

Abschied von den Eltern

Mein Freund Hartwig, wie gesagt sechs Jahre älter, hatte eine eigene Wohnung ganz in unserer Nähe, und er fuhr einen schwarzen Carman Ghia, dem er diese Farbe selbst verpasst hatte und dessen Kühlerhaube er mit einer dicken roten Stones-Zunge verziert hatte. Als ich 17 war, habe ich ab und zu auch während der Woche, ohne ausdrückliche Erlaubnis meiner Eltern, bei Hartwig übernachtet. Morgens fuhren wir bei uns zu Hause vorbei, ich lief schnell in mein Zimmer, um meine Schultasche zu holen, während Hartwig unten mit laufendem Motor auf mich wartete, um mich an der Schule abzusetzen. Einmal hat mein Vater mich vor lauter Wut, dass ich ihm immer mehr entglitt, gepackt und in die Ecke des Flurs gegen die großen Blumenkübel, die dort standen, geschleudert. Diese Aktionen haben ihn wahnsinnig provoziert. Und er konnte sehr wütend werden. Sie machten ihn hilflos.

Vielleicht war es auch Eifersucht und der Schmerz über den Abschied von mir. Er war nicht mehr die männliche Person, die ich anhimmelte. Im Gegenteil. Ich verachtete ihn sogar manchmal. Mein komplettes Interesse galt jungen Männern, besonders einem. »Die Jugendlichen wenden sich von ihren Eltern als Götter ab, um sich hinterher ihren realen Eltern zuzuwenden«, hat es einmal ein Vater in der Elterngruppe in Worte gefasst. Und das schmerzt. In der Beziehung Vater-Tochter und Mutter-Sohn ganz besonders.

Eine Mutter erzählte in der Elterngruppe, dass ihre 14-jährige Tochter und deren Freundin zwei Jungs über Nacht zu Besuch hatten. Die Mutter fand das »vollkommen in Ordnung«, wie sie sagte. Die hätten die ganze Nacht geredet und am nächsten Morgen habe sie allen Frühstück gemacht. Aber als der 17-jährige Sohn seine 15-jährige Freundin über Nacht bei sich hatte, sah die Sache anders aus. Schon seine Anfrage, ob dieses Mädchen bei ihnen übernachten könnte, hat der Mutter nicht behagt. Als sie dann noch gesehen habe, wie die sich in ihrem kurzen Minirock bei ihrem Sohn auf den Schoß gesetzt hat und sich an ihn geschmiegt habe, sei es ganz aus gewesen. Es sei ihr gar nicht gut gegangen.

Wie verständlich ist das und wie wichtig ist es gleichzeitig, dass wir uns als Eltern da zurückhalten und unseren Abschiedsschmerz von dem kleinen Jungen nicht dem jetzt großen Jungen vorheulen. Wenn wir traurig darüber sind, entsetzt, eifersüchtig, oder sonst irgendetwas Fassungsloses, dann sollten wir uns sofort auf den Weg machen und dem Vater des Jungen oder einer Freundin oder sonst einer erwachsenen Person unser Herz ausschütten und uns aufrichten lassen. Unser Sohn und natürlich auch unsere Tochter müssen gehen und wir müssen sie und ihn ziehen lassen. Nur so können sie gut in die Welt gehen, ohne lebenslänglich an unserem Rockzipfel zu hängen. Das ist bitter, knallhart und gleichzeitig gut so.

Bin ich eine richtige Mutter / ein guter Vater?

Wie geht Vater oder Mutter sein? Komische Frage, weil es ja eigentlich ein Naturgesetz gibt: Mutter ist Mutter und das sagt alles darüber aus, wie sie zu sein hat. Fürsorglich, allwissend, beschützend, versorgend, nachsichtig. Eine, die sich wie die Löwenmutter vor ihr Kind wirft, wenn ihm ein Feind, Nachbar, Lehrer, Mitschüler, Polizist etwas Böses will. Eine, die am Bett Wache schiebt, wenn ihr Kind krank ist, eine, die es nachmittags herumkutschiert, von der Schule zum Flöten, zum Turnen, zur Freundin … Mütter machen qua Rolle schon das Richtige für ihr Kind. Gesetzt. Hä? Was ist eine Mutter und wann ist sie gut? Vater ist Vater – da bröselt die konkrete Vorstellung schon etwas, weil es so viele Väter gibt, die sich wenig erkennbar als Vater verhalten, sodass man nicht so genau weiß, ob die Rolle »Vater« nur eine Worthülse ist oder ob damit der moderne Vater gemeint ist, der beschützt, der versorgt, mit den Kindern auf Bäume klettert und Drachen steigen lässt, der ein gutes Männer-Vorbild abgibt, sich im Haushalt betätigt, der da ist, wenn man ihn braucht?

Ob so oder anders, jeder hat eine Vorstellung von dem, was Mutter oder Vater ist, und die ist selbstverständlich, so selbstverständlich, so implizit, dass sie selten hinterfragt wird. Gesetzt. Sie taucht erst auf, wenn was nicht läuft: »Aber so ist doch keine gute Mutter«, tönt es, wenn die Kinder mehr sich selbst überlassen oder von Kindermädchen betreut werden, als sei das permanente Präsentsein der Mütter ein Ausweis fürs Gute-Mutter-Sein. Anderen ist klar: Gluckenmütter schaden auch. Mütter, die ihre Kinder nicht allein vor die Tür lassen, ihnen alles nachtragen und sie ständig per Handy überwachen: »Das sind doch keine guten Mütter.« Was ist Muttersein für eine Qualität? Und wann ist es »gut«?

Komisch auch: Die Frage: Was bin ich für ein Vater? Was für eine Mutter? Und: Wie geht das überhaupt?, ist für nicht wenige Eltern nicht selbstverständlich zu beantworten. Aber: Wem kann man das sagen, wenn es doch eigentlich so selbstverständlich ist und alle anderen es drauf haben? Niemandem. Zweifel an der eigenen Rolle? »Nein, ich doch nicht.«

Zweifel äußern sich bei manchen Müttern, indem sie immer wieder allen Leuten erzählen, was sie für gute Mütter sind. »Als mein Kind geboren wurde, war ich selbstverständlich selbst für es da. Da gab es keinen Zweifel darüber, was zu tun war und was ich tat.« Poah, was für eine gute Mutter, soll anderen und vor allem mir selbst bestätigt werden.

Wie kommt's? Woraus entsteht unser Bild einer guten Mutter und unser Gefühl dafür, inwieweit wir wohl damit übereinstimmen? Gesellschaftliche Bilder, politische Debatten, Werbung, sind das eine. Das andere ist unsere eigene Geschichte. Welche Art von Vater oder Mutter haben wir kennengelernt? Väter, die selbst keinen Vater erlebt haben, müssen sich die Qualität erst ganz neu aneignen. Wie fühlt sich das an, Vater? Wie eine Mutter? Wie ein Freund? Was gibt es Vergleichbares? Wie ist die eigene Qualität? Manche Eltern ringen sehr um ihre Rolle und haben das Gefühl, im Dunkeln zu tappen. Ein ihnen fremdes Terrain. Und so stolpern sie hin und her. Begleiten ihr Kind ganz eng und dann lassen sie es wieder großzügig laufen oder auch ganz allein. Ja und Nein. Widersprüche, ähnlich wie bei den Jugendlichen. Oft geben die Umstände der Geburt des Kindes schon einen Hinweis. War es gewollt? Hatten Eltern gute Startbedingungen als Eltern? Konnten sie sich damals um ihr Kind kümmern? »Ich bin ohne Vater groß geworden. Jetzt bin ich selber einer, aber wie geht das?«»Ich habe dieses Kind bekommen, mein Mann hat sich schon während der Schwangerschaft von mir getrennt. Ich war heillos überfordert und wollte nur weg. Jetzt möchte ich, dass mein Kind endlich auszieht.«

Herr S. erzählt von seinem Sohn. Phillip habe seinem Ärger über einen Lehrer, von dem er sich ungerecht behandelt fühlte, bei Facebook Luft gemacht. Er habe dort geschrieben, was er von ihm hält. Nämlich 0,0, gar nichts. Davon hat der Lehrer Wind bekommen, und so kam es zur Klassenkonferenz. Der Vater hatte überlegt, ob er mitgehen sollte. »Ja«, hatte er entschieden. Dann am Vorabend gab es einen Krach zwischen Vater und Sohn. »Okay, dann bleibe ich zu Hause«, hat der Vater gedroht. Schließlich ist er doch mitgegangen, um den Lehrern die Meinung zu sagen und den Jungen nicht allein zu lassen. Er hat dem Rektor gesagt, dass er das Verhalten der Schule für völlig überzogen hält. Das Ergebnis der Klassenkonferenz kommt direkt im Anschluss: Der Junge muss zum Ende des Schuljahres die Schule verlassen. Bis dahin muss er in die Parallelklasse. Direkt nach der Konferenz soll er dorthin. Der Vater begleitet ihn durch den Schulflur bis zum Klassenraum. Die Schulstunde läuft seit 20 Minuten. Der Sohn traut sich nicht, an die Tür zu klopfen und bittet seinen Vater darum, für ihn zu klopfen. Der sagt »Nein«. Es kommt zum Streit zwischen Vater und Sohn, an dessen Ende der Sohn abhaut. Hätten Sie geklopft, als Vater? Hätte ein guter Vater/eine gute Mutter geklopft? Wann muss ich für mein Kind noch klopfen? Wann muss ich es ihm selbst überlassen? Gar nicht so leicht zu entscheiden. Darauf gibt es keine glatten Antworten. Wann muss ich unterstützen? Wann würde ich für mein Kind etwas übernehmen und es damit unselbstständig halten? Tägliche Fragen vieler Eltern. Wichtige Fragen.

23. »Ab und zu besoffen mit dem Auto durch den Vorgarten.«

Wie wichtig ist Rebellion?

Ja, Kinder müssen sich ablösen, das geht über Auseinandersetzung im wahrsten Sinne des Wortes. Über sich reiben, sich enthaken, es ist, wie wenn ein zweites, endgültiges Mal die Nabelschnur durchtrennt wird. Aber dieses Mal nicht unbedingt mit einem schnellen Schnitt, sondern oft mit Ziehen, Zerren, Zerdehnen, Abreißen. Immer wieder ein bisschen Ablösung. Ganz langsam. Es kann dauern. Jahre. Und es kann schmerzen, bis in den tiefsten Winkel der Magengrube.

Müssen Kinder sich ablösen? Wozu soll das gut sein? Manche Eltern würden dem glatt widersprechen und manche Kinder auch. Ist doch alles super zu Hause. Hotel »Mama« ist angesagter denn je. Und das nicht nur aus finanzieller Not, sondern weil man alles hat, was man braucht. Die Eltern sind »cool«, die Wäsche wird gewaschen, das Essen steht auf dem Tisch. Hier lässt es sich leben, viele Freiheiten, keine Verantwortung, nur ab und zu die Frage nach dem Morgen: Wie geht es weiter? Was gedenkst du zu tun? Aber im Umgang mit diesen Eltern seit 18 Jahren geschult, kriegt man sie schon irgendwie beschwichtigt und darüber hinweggetröstet, dass man noch nicht Stipendiat in Harvard ist, noch kein erfolgreiches Start-Up gegründet hat und dass auch noch keine Lehrstelle in Aussicht steht, mit der sie in ihrem Bekanntenkreis als stolze Eltern punkten können. Schließlich ist man ja da und verzögert auch für sie den Abschiedsschmerz auf unbestimmte Zeit.

Eltern in Elterngruppen fragen manchmal: »Gibt es nicht so etwas wie Vitamin-Tabletten gegen Pubertät?« Oder: »Wir hätten gern 10 goldene Regeln im Umgang mit Jugendlichen, die nicht so wollen, wie sie sollen.« Die Antwort auf diese Fragen ist absolut unbefriedigend. Es lassen sich auf jeden Fall 10 Regeln, die Eltern beim Erziehen beachten können, aufstellen. Manche Pädagogen würden auch 100 Regeln finden, aber wie am Ende das Ergebnis aussieht, lässt sich trotzdem nicht zwingend vorhersagen. Keine Garantie. Auf diese für viele frustrierende Aussage folgt dann häufig kurz darauf, leicht resigniert die Frage: »Wie lange dauert das?« Hinter dieser Frage verbirgt sich oft die letzte verbleibende Hoffnung: Wenn es schon kein Heilmittel gegen die Pubertät gibt, dann wollen wir sie wenigstens berechenbar machen. Meine Antwort löst häufig kollektives Stöhnen in der Gruppe aus: »Es gibt eine Vorpubertät, die beginnt ungefähr mit 11 oder 12. Bei manchen Kindern schon mit 10 oder sogar mit 9. Dann kommt die eigentliche Pubertät, die rechnet man von etwa 12 bis 16. Und dann gibt es noch eine Nachpubertät, so ungefähr bis 18.« Seit einiger Zeit füge ich in gesetzten Worten dann noch hinzu: »Mit 18 ist der quälende Ablösungsprozess aber noch nicht unbedingt vorbei.« Heute gibt es sogar einen Fachbegriff für die Nachpubertät: »Emerging Adulthood«, entstehendes Erwachsenenalter. So haben amerikanische Forscher diesen Lebensabschnitt getauft. Der Psychologe Claus Koch nennt sie »Odysseus-Jahre«. Gemeint ist die Zeit, in der der oder die junge Erwachsene mit der Schule fertig ist, auf der Suche nach etwas, von dem er noch nicht so genau weiß, was es sein könnte, in der er keine Verantwortung für nichts übernimmt, außer vielleicht für sein Smartphone. Die Zeit, in der er oder sie keine feste Paarbeziehung eingeht und keine wichtigen Lebensentscheidungen trifft, sondern einfach nur so rum lebt. Aus meiner beruflichen Erfahrung muss ich allerdings sagen, dass Jugendliche, die in allen Bereichen sozusagen »Ladehemmung« haben, oft schwerwiegende familiäre Probleme mit sich herumtragen.

 Die Friseurin Manuela, Mutter von zwei Kindern, hat ihren Berufswunsch konsequent umgesetzt – ohne ihre Eltern einzuweihen. »Der Plan meines Vaters war, dass ich eine ähnliche akademische Laufbahn einschlage wie er und dass ich dann auch mal Lehrerin werden soll. Meine Mutter hat ihre Volksschule abgeschlossen. Und dann war sie, glaube ich, zwei Jahre auf einer Hauswirtschaftsschule, und sie hat sich für ihre einzige Tochter gewünscht, dass ich mehr aus meinem Leben mache als sie. Und ich wusste schon ganz früh, was ich machen will. Mir wurde dann auch auf dem Gymnasium schnell klar, dass ich hier nicht sein muss, wenn ich das machen will, was ich machen möchte, da du als Friseurin nur einen Hauptschulabschluss brauchst. Und mit dem Tag, an dem mir das bewusst wurde, ich glaub, das war so in der siebten Klasse, hab ich dann auch großflächig das Lernen eingestellt. Ich hab dann nur noch das gemacht, was mir Spaß machte. Ich fand Deutsch und Kunst spannend und Englisch, weil ich dachte, wenn ich dann irgendwann englischsprachige Kunden habe, dann muss ich ja mit denen auch reden können. Kann ja nicht von denen erwarten, dass sie Deutsch können. Ich glaube, die achte Klasse hab ich dann wiederholt und die zehnte hab ich wiederholt. Auf meinem Abschlusszeugnis der zehnten Klasse stand: Note nicht feststellbar. Weil ich nicht da war. Ich war halt einfach nicht in der Schule. Ich mein, ich war ja halt auch schon 18 und konnte mir die Entschuldigungen selber schreiben. Mein Schulabschluss ist ein Hauptschulabschluss nach der Klasse Neun mit großem Latinum, weil ich ja sieben Jahre Latein hatte. Die meisten Noten waren nicht feststellbar. Ich hatte zu der Zeit einen Freund, der ging auf die Gesamtschule und lernte dort, wie man Bewerbungen schreibt. Dann hab ich mir auch so eine Bewerbung zusammengeschustert und mich um eine Friseurlehre beworben. Meinen Eltern habe ich erzählt, dass ich weiter zur Schule gehe. Ich hab dann auch pünktlich um acht Uhr das Haus verlassen, um dann in die Stadt zu fahren und meine Friseurlehre zu machen. Das ging dann auch vier Monate gut. Also das war kein Problem. Mein Freund wohnte ja auch in der Stadt und wenn meine Eltern abends gefragt haben, warum ich so spät nach Hause komme, konnte ich ja auch sagen: Ich hab mich mit Marco getroffen. Zwischendurch hab ich auch mal die Lehrstelle gewechselt und so gingen die Tage ins Land ... Dann kam die Weihnachtszeit und meine Mutter fährt original zweimal im Jahr in die Stadt. Wenn der Weihnachtsmarkt anfängt und wenn der Weihnachtsmarkt aufhört. Und irgendwie war sie dann anscheinend auch mal dazwischen in der Stadt und sah mich in dem

Laden arbeiten. Ich hab sie auch gesehen. Ich hab ganz peinlich noch versucht, mich wegzuducken, hat aber nicht funktioniert. Und dann kam meine Mutter rein und ich bin dann auch direkt zu ihr und dann meinte sie nur: ›Was machst du hier?‹ Und dann hab ich gesagt: ›Arbeiten‹. ›Ja, und was ist mit der Schule?‹ Und dann hab ich gesagt: ›Ja, nix. Ich arbeite ja hier.‹ Und dann sagte sie nur: ›Wir müssen heute Abend reden.‹ Und dann hab ich gesagt: ›Ja.‹ Ich hatte so einen Schiss in der Bux und bin dann abends nach Hause gefahren. Meine Mutter hatte meinen Vater schon eingeweiht. Dann wurde gebrüllt. Ich hab mich halt auch ein bisschen geschämt, dass ich das nicht erzählt hab. Ich fand mich irgendwie ganz schön blöd in dem Moment. Ich hatte halt Angst, dass meine Eltern versuchen würden, es mir auszureden. Was sie eh nicht gekonnt hätten. Wahrscheinlich hätten sie sich mit mir peinlicherweise auf den Weg gemacht und nach einer adäquaten und geeigneten Lehrstelle für mich gesucht. Als Kind sind mir unglaublich viele Entscheidungen abgenommen worden und ich hatte superwenig Gelegenheiten, Dinge selber zu entscheiden, und ich wollte mir beweisen, dass ich das alles kann, dass ich das alles selber kann und dass ich dazu maximal meinen Freund als Unterstützung brauchte. Sie wollten dann, dass ich ausziehe. Das ging ja nicht, wo sollte ich hin. ›Dann bleibste halt hier‹, haben sie gesagt und dann zwei, drei oder vier Wochen, auf jeden Fall auch über Weihnachten nicht mit mir geredet. Eines Tages, ein paar Wochen nach dieser Jobentdeckung, kam mein Vater an mein Zimmer und klopfte. Ich dachte schon: ›Okay, was passiert jetzt?‹ Dann hatte er eine echt hässliche Tasche eingepackt und meinte dann nur so: ›So, die ist jetzt für dich. Du hast ja bestimmt auch Berufsschule, das ist jetzt deine neue Schultasche. Kannste mir denn wenigstens auch mal die Haare schneiden?‹ Von dem Zeitpunkt an wurde nie wieder darüber geredet …Und damit, dass mein Vater mich gefragt hat, ob ich ihm denn tatsächlich mal die Haare schneiden könnte, war er wohl versöhnt damit, dass mein Leben nicht so weitergeht, wie er das gerne möchte.«

Ich wollte nach dem Abi einfach nur weg. Ich wollte raus. Raus aus der piefigen Kleinstadt Hagen, raus aus einem Leben, das in mehr oder weniger geordneten Bahnen verlief und raus aus einem Elternhaus, das den »Schuss« nicht gehört hatte, wie ich fand. Ich wollte raus aus der Enge. Und London war die Stadt meiner Träume. Spätestens nach der spektakulären Reise mit Jutta, 1976.

Anne hatte mich inspiriert, dort zu arbeiten. Sie war eine von insgesamt vier Mädchen, mit denen ich ein Jahr lang das Albrecht-Dürer-Gymnasium, ein humanistisches Jungen-Gymnasium, besucht hatte, bevor ich dann auf das katholische Mädchengymnasium gewechselt bin. Anne war künstlerisch begabt und hatte lockere Eltern, viel lockerer als meine, wie ich fand. Sie waren jünger und wirkten auf mich immer sehr entspannt. Ich hatte Anne damals sehr bewundert für ihr Talent und ihren unkonventionellen Geist und ihr lockeres Elternhaus. Mein künstlerisches Talent hielt sich sehr in Grenzen.

Anne jedenfalls habe ich später gelegentlich zufällig in der Stadt getroffen und bei einer dieser Begegnungen hat sie mir erzählt, dass sie in London war und in einer Fabrik gearbeitet hat, wo sie den ganzen Tag Papierdeckchen ausstanzen musste und dass das eine tolle Erfahrung war. Mit ganz normalen Arbeiterinnen ganz normale Arbeit zu machen. Das wollte ich auch. Was ich vor allem wollte: mein eigenes Geld verdienen. Unabhängig sein von meinen Eltern.

Also flog ich nach dem Abitur für ein halbes Jahr nach London zum Arbeiten. Mein Vater war nicht erfreut über diese Entscheidung. Er wollte nicht, dass ich in einer Fabrik arbeite. Er wollte mir lieber einen Sprachkurs finanzieren, mich in einer Familie aufgehoben wissen und gleichzeitig mitbestimmen, was ich so tat. Als ich abflog, hat er sich nicht von mir verabschiedet. Er war gekränkt und ich hatte einen fetten Kloß im Hals. Damals gehörte das für mich in die Kategorie:»Meine Eltern verstehen mich nicht. Sie sind eben konservativ, spießig und haben keine Ahnung.« Heute ist für mich klar: Es musste so sein. Ich habe in London meine Erfahrungen gesammelt, habe dort in einer Fabrik Drähte geschnitten und in einem Hotel die Tische abgewischt. Und: eigenes Geld verdient. Am Ende jeder Woche gab es eine pergamentene Lohntüte. Sie war ungefähr so groß wie eine Butterbrottüte und wenn man ihre Seiten aneinanderrieb, knisterte sie. Freitags nachmittags nach der Arbeit konnte man sie sich an einer Ausgabestelle, einer kleinen Durchreiche des Lohnbüros, abholen. Voller Stolz habe ich meine erste Tüte und alle weiteren in Empfang genommen und sie knisternd in mein sechs Quadratmeter großes Zimmer in London Ealing getragen. Mein Vater, im Lange-Beleidigtsein ja zum Glück nicht ausgebildet, schrieb mir nach kurzer Zeit einen langen, sehr versöhnlichen Brief und damit war erst mal Friede auf dem Draht nach Hause. Als ich nach fünf Monaten wieder zurückkam, haben meine Eltern sich sehr gefreut und mich anerkennend empfangen. Was ich dann merkte, war sensationell. Sie mischten sich nicht mehr ein in meine beruflichen Pläne. Zuvor war zumindest mein Vater immer sehr daran interessiert, dass ich Ärztin werden sollte, denselben Beruf wie er und seine Frau erlernen sollte. Da kannte er sich aus und das wollte er auch für uns. Jetzt, nach London: keine Silbe mehr davon. Sie akzeptierten, dass das Entscheidungen waren, die ich treffen musste. Sie respektierten meine Wahl, erst mal Germanistik, Politik und Philosophie zu studieren.

Schmerzhaft war die Trennung auf jeden Fall für sie: vor allem wahrscheinlich für meinen Vater. Er hatte endgültig seinen Einfluss verloren und ein weiteres Zeugnis davon erhalten, dass die bedingungslose Bewunderung seiner Tochter für ihn sich zurzeit und wahrscheinlich auf absehbare Zeit in engen Grenzen hielt.

Gleichzeitig war diese erneute Bekräftigung der Tatsache, dass wir getrennte Leute sind, auch entlastend und ein weiterer Grund, stolz zu sein auf das selbstständige »Kind«, das seinen Weg macht. Zumindest ist es gut, wenn Eltern das so sehen können und nicht darüber gekränkt sind, dass sie selbst an Einfluss verlieren. Der schwierigste Erziehungsgrundsatz überhaupt »Seien Sie nicht so persönlich gekränkt«, erfährt eine neue, harte Probe. Wenn man die besteht: gut für beide Seiten und für die neue Eltern-Kind-Beziehung. Wie gesagt: Die Kinder müssen sich von den Eltern als Götter abwenden, um sich dann den realen Eltern zuwenden zu können.

Ab und zu besoffen mit dem Auto durch den Vorgarten

»Kinder müssen nicht brav sein.« Diesen Satz meiner Mutter habe ich noch sehr im Ohr. Sie hat ihn gesagt, wenn sie mitbekam, dass Eltern ihre Kinder wegen Bravseins belohnten oder wegen Nicht-Bravseins bestraften. Und sie sagte den Satz, wenn sie hörte, dass Eltern ihren Kindern drohten: »Aber nur, wenn du brav bist.« Und damit ihrer eigenen Willkür Tür und Tor öffneten. Denn was genau brav ist, bestimmen in der Regel allein sie. Und sie verändern es nach Gutdünken. Die so angesprochenen Kinder konnten oft nur erahnen, was jetzt genau alles dazugehörte zum Bravsein. Sie merkten es manchmal daran, dass ihr Wohlverhalten dann mit einem Bonbon oder 10 Minuten länger Aufbleiben belohnt wurde. Meine Mutter hat diesen Satz »Kinder müssen nicht brav sein« auch gesagt, wenn wir mit gesenktem Kopf mal über uns selbst befanden, nicht brav gewesen zu sein. Ich fand es als Kind sehr entlastend, nicht brav sein zu müssen. Als Jugendliche habe ich es vielleicht herausgefordert. Wann ist Schluss? Wann wünschen sich auch meine Eltern, dass die Kinder machen, was sie sollen? Wann ist ihre Grenze erreicht? Wann reagieren sie? Okay, sie haben reagiert, aber es ging nicht ums Bravsein, sondern ums Einfangen, Orientierung geben, damit ich beim Rausrudern im Sturm nicht kentern würde. Brav sein war einfach kein Kriterium. Belohnung für Wohlverhalten, damit die Eltern ihre Ruhe haben, gab es in unserer Familie nicht oder sagen wir mal wenig.

Kinder müssen nicht brav sein. Das ist nicht ihre Aufgabe. Den Satz habe ich verinnerlicht und ihn für die Erziehung meiner Kinder, so kam es mir jedenfalls vor, selbstverständlich übernommen. Brav sein, aber auch braves Aussehen, für mich ein Synonym für Langeweile, für Sichanpassen, für nichts Eigenes haben. Möglicherweise eine Schwarz-Weiß-Sicht, eine Verklärung von Unangepasstem, die vielleicht auch zu einseitig ist.

Ich habe früh rebelliert und nachdem ich einmal Geschmack daran gefunden hatte, von früh bis spät. Meine Eltern hatten wenig ruhige Minuten mit mir in der Zeit zwischen 13 und 18. Die Anfänge meiner Schwarzphase, so mit 12, waren noch vergleichsweise ruhig, auch wenn ich schon zu Hause aufgemischt habe und keinem Streit aus dem Weg gegangen bin. Als ich selber Kinder hatte, hatte ich Angst vor der Rache, davor, dass es so etwas wie eine generationenübergreifende Gerechtigkeit gibt, dass ich das alles zurückkriege, was ich meinen Eltern beschert habe. Dass meine Kinder mir genauso viele Sorgen und schlaflose Nächte bereiten würden wie ich meinen Eltern. Nach der Generationenregel: »Du wirst schon sehen, wenn du selber Kinder hast.« Sehen, wie schwer es ist, Kinder zu erziehen, wie viele Sorgen man sich als Eltern um sie macht, wie viel Kraft es kostet, eine Familie zu ernähren und sie zusammenzuhalten. Ich würde sehen, dass meine Eltern mit vielem recht hatten, was sie taten. »Wenn du selber Kinder hast, dann kannst du ja alles anders machen«, hatte ich, wenn ich engagiert versucht habe, meinen Eltern zu erklären, wie Kindererziehung wirklich funktioniert, zu hören bekommen. Und es klang manchmal gelassen und selbstsicher. Vor allem aber entschieden. Es duldete keine Diskussion, keinen Zweifel.

Letztens fragte mich mein Sohn, wie ich seine neue Frisur finde. Er hatte die Haare in der Mitte des Kopfes etwas länger stehen lassen als bisher. Ich sagte: »Gefällt mir gut. Ist nicht so brav.«

Das war für ihn das Stichwort. Und, mit der Gabe ausgestattet, feinsinnig alle »Gefühlswellen«, ausgesprochene und unausgesprochene Stimmungen, die in der Luft liegen, aufzunehmen, holte er zu der Frage aus, die ich als ein Konzentrat dessen ansehe, was er im Laufe der Jahre des Zusammenlebens und Erzogenwerdens aus Andeutungen, Haltungen, Bemerkungen von mir für sich herausdestilliert hat: »Hätte ich mal besser ab und zu besoffen mit dem Auto durch den Vorgarten fahren sollen?« Mit anderen Worten: Bist du enttäuscht, dass wir so wenig rebellieren? Sind wir dir zu brav? In der neuesten Shell-Jugendstudie wird den Jugendlichen von heute attestiert, sie seien eher pragmatisch und unideologisch. Das jugendliche Aufbegehren schwinde. Die Forscherinnen und Forscher erklären sich dieses Verhalten mit einer allgemeinen Zufriedenheit der Jugendlichen, die mehrheitlich optimistisch in die Zukunft schauen. Vielleicht ist genau das ein Teil der Rebellion mancher Jugendlicher heute – dass sie eben nicht besoffen mit dem Auto durch den Vorgarten fahren. Dass sie »warten, bis der Richtige kommt« oder finden: »Meine Eltern sind doch okay. Ich würde es genauso machen wie sie.« Dass sie nicht so sind wie die Erwachsenen, insbesondere nicht so, wie ihre Eltern denken, dass sie sein müssten. Dass sie nicht so sind wie ihre Eltern.

24. »HDGDL«

Was ist heute anders als früher?

Meine Welt – deine Welt

Die Grenzen zwischen mir und meinen Eltern waren eindeutig. Das hatte gute und schlechte Seiten. Ich hatte mein Leben, sie ihres, und das bot sich für mich an, es doof zu finden. Heute verwischen die Grenzen zwischen Kindern und Erwachsenen häufiger. Eltern wollen cool sein, kleiden sich wie Jugendliche, hören dieselbe Musik und gehen in dieselben Clubs. Das kann man gut oder doof finden. Tatsache ist, die Möglichkeiten sich abzugrenzen, sein eigenes »Ding« zu machen, finden erschwerte Bedingungen vor.

Auch früher haben sich Eltern schon mal in jemand anderen verliebt, aber das war entweder geheim oder es war schrecklich. Getrennt hat sich kaum ein Paar ihrer Generation. »Mit drei Kindern trennt man sich nicht«, war selbst im größten Beziehungswirbelsturm für sie klar.

Völlig angewidert erzählte mir eine 15-Jährige, dass sie ihre Mutter in der Stadt getroffen hat. Arm in Arm mit ihrem neuen Freund. »Sie haben sich geküsst. Iiieeh – meine Mutter.« Das »Iiieeh« steht dafür, dass Kinder ihre Eltern nicht als Liebende, als Sexualwesen erleben wollen, auch nicht als balzende, verliebte Trottel. Abgesehen davon sind die Eltern auch nicht dran. Die Jugendlichen schicken sich an, auszuprobieren, wie es in der Welt der Verliebtheit zugeht. Sie machen – hoffentlich – zarte Erfahrungen auf dem glatten Parkett der Liebe, auf dem man sehr schnell ausrutschen kann. Und jetzt zeigt sich der Papa als verliebter Gockel. Das passt nicht, das verstört und es schüchtert ein. »Iiieeh, so will ich nicht werden.«

Manchmal habe ich den Eindruck, dass die Eltern, die plötzlich selber wieder Jugendliche werden, ihren Kindern etwas wegnehmen, indem sie das tun, was die Jugendlichen gerade für sich neu erkunden. Früher wurden die Beziehungsgeschichten der Eltern nicht mit den Kindern am Küchentisch besprochen. Das ist heute in manchen Familien tatsächlich anders. Eine Mutter von vier Kindern, zwei davon in der Pubertät, antwortete auf die Frage, wie das denn für sie ist, wenn die Jugendlichen ihre Freunde über Nacht mit nach Hause bringen: »Die wundern sich, wer bei mir morgens so am Kaffeetisch sitzt.« Das ist eine echt schräge Konkurrenz, die sich kein Jugendlicher wünscht.

Damit ist nicht gemeint, dass Eltern von Jugendlichen sich nicht mehr verlieben sollen. Im Gegenteil: Oft ist es für Kinder und alleinerziehende Eltern ein Segen, wenn die Eltern einen neuen Partner oder eine neue Partnerin finden. Entscheidend ist, wie der Partner in die Familie eingeführt wird und welche Rolle er den Kindern gegenüber einnimmt. Ein wohlwollender und gleichzeitig vorsichtiger neuer Mensch in der Familie entspannt oft die enge, vielleicht zu enge Beziehung zwischen Kindern und alleinerziehenden Eltern.

Die Grenzen zwischen den Generationen waren früher klarer. Und es gab klarere Feindbilder. Gegen die Erwachsenen sein, gegen Eltern, Lehrer, darauf konnte man sich mit den meisten Gleichaltrigen irgendwie verständigen. Weil sie anders waren und man so auf keinen Fall sein wollte.

Bohnenstangenfamilie statt Buschbohnenfamilie

Heute hat man weniger Familie. Die Menschen früher wurden nicht so alt. Es gab 3 Generationen. Dafür gab es Geschwister, Onkel, Tanten, Nichten und Neffen. Heute gibt es 4 bis 5 Generationen, aber keine Geschwister mehr, keine Tanten und Onkels. Die Familien sind schmal und lang. Früher waren sie kürzer und buschig. So hat es die Psychologieprofessorin und ehemalige Familienministerin Ursula Lehr in einer WDR-3-Sendung erläutert. Sie zitiert ihren Kollegen Benson in der Sendung »Jung und Alt« am 26.2.2017.

Einzelkind sein, kann Druck bedeuten. Großen Druck. Es klingt böse, aber manche Einzelkinder werden zum Großprojekt ihrer Eltern. Sie müssen zeigen, dass die Eltern es gut und richtig machen, dass etwas weitergeht, sie müssen herhalten für alles, was sich sonst Geschwister aufteilen: Sie kriegen alle Aufmerksamkeit, alle Zuwendung, aber auch alle Kontrolle und alle Erziehungsmaßnahmen alleine ab.

dm-Sucht

Früher war man naturschön oder – wenn man dieser Aussage von Eltern und anderen Erwachsenen nicht traute – klaute man den Lippenstift seiner Mutter. Heute gibt es dm und Rossmann. Ein Angebot an Nagellacken, Wimperntuschen, Eyelinern, Lippenstiften, Make-ups, bei dem einem schwindelig werden kann. Wie setze ich die Pinsel, Tupfer, Pinzetten und Schwämmchen richtig ein? Und: Welches Make-up benutzt Heidi Klum? Schwere Fragen, die bei nicht wenigen Mädchen zu einer von Eltern gefürchteten Krankheit führen: Der dm-Sucht. Wenn ich mich nicht entscheiden kann, dann brauche ich eben alles. Und so stapeln sich die Produkte in eigens dafür angeschafften Kommoden und stöhnende Eltern verschenken Geschenkgutscheine.

Reiseziele

Früher war London, was heute Australien ist. Weitere Ziele hießen von Hagen aus Dortmund, von Köln aus die Eifel und von München aus der Bayrische Wald. Früher der Aufreger, klingt das heute ziemlich fad. New York sollte es schon sein.

Sprache

Sprache verändert sich, von einer Generation zur anderen. Das war schon bei uns und unseren Eltern so. Es ist auch heute mit den

Kindern so, auch wenn manche Eltern es sich nicht verkneifen können, in Jugendsprache zu sprechen. Falls Sie auch zu diesen Eltern gehören: Die Kinder finden das übrigens unmöglich, anbiedernd, peinlich, komplett daneben. Also Worte wie »krass«, »cool«, »swag« gehören zu der Generation unserer Kinder und da sollten wir versuchen, sie zu lassen. (Gelingt nicht immer.) Unsere Vokabeln sind eher »Super«, »brillant«, »wunderbar«, damit lässt sich auch Anerkennung ausdrücken.

Medien: HDGDL, LOL

Früher machte man mehr Worte, zumindest im Brief oder im Gespräch. Heute hat eine Liebeserklärung drei Buchstaben. HDL. Hab dich lieb. Eine Riesenliebeserklärung kann man schon in 5 Buchstaben machen: HDGDL. Hab dich ganz doll lieb. Was allerdings zu einer Inflation der Liebeserklärungen führt, die dann auch ganz schnell wieder gelöst werden können. In 5 Buchstaben: HDNML: Hab dich nicht mehr lieb.

Facebook-Freunde hatten wir nicht. Wir hatten reale Freunde, die wir kannten, oder wir hatten gar keine Freunde. Unsere Kinder haben auch reale Freunde, aber zusätzlich noch eine ganze Kompanie virtueller Freunde. Menschen, die sie nie persönlich gesehen haben, Menschen, von denen sie sich zum Teil in der realen Welt schon verabschiedet haben (es sei denn, sie sperren sie auch bei Facebook), und solche, die sie vielleicht nie kennenlernen werden, die aber trotzdem über den letzten Urlaub, den neuen Mantel und die Note in Mathe informiert werden müssen und möglichst ihre »likes« abgeben sollen.

Die Bilder, die Jugendliche heute zu sehen bekommen, ohne sich groß dafür anstrengen zu müssen, haben wir nicht gesehen. Oft sind es veränderte Bilder. Bilder, die mit der Realität viel weniger zu tun haben, die mit Photoshop zurechtgeschnitten wurden, gestylt, verändert, und die die Vorstellung nähren, dass alle Menschen so makellos und schön aussehen, wie die zurechtvisagierten Models im Fernsehen, im Internet, in Zeitschriften. Pornos im Internet, bewegte Bilder von Menschen, die vor laufender Kamera unglaubliche Sexpraktiken durchführen, sind mir damals nicht zu Augen gekommen. Heute gibt es Zahlen zum Pornokonsum Jugendlicher. Danach haben beide Geschlechter Erfahrungen damit. Jungen allerdings deutlich mehr: 8 Prozent der jungen Frauen, aber 80 Prozent der jungen Männer, so haben die Forscher Matthiesen u. a. herausgefunden, haben »mehr als sporadische Erfahrungen« mit Pornografie. Die allermeisten der 16- bis 19-jährigen Mädchen, 76 Prozent, haben zumindest schon einmal Pornos oder Ausschnitte aus Pornos gesehen. Die meisten zunächst, ohne dass sie danach gesucht haben. Diese Filme machen was mit ihnen. Manchmal lassen sie sie verstört zurück. Sie kriegen sie nicht wieder aus dem Kopf. Sie machen Druck. Muss ich das auch machen? Ist Sex immer so? Was ist das für eine Erwachsenenwelt, in die ich da soll?

Elternsorgen

Die Sorgen früherer Eltern lauteten: Wann kommt mein Kind nach Hause? Baut es nicht zu viel Scheiß? Benimmt es sich gut in der Schule und woanders? Darüber sorgen sich auch heutige Eltern, zumindest Eltern Jugendlicher. Wenn früher der Lehrer eine Strafarbeit verordnete, war für Eltern klar: »Er wird schon seine Gründe haben.« Heute sorgen sich viele Eltern, dass ihrem Kind ja kein Unrecht geschieht: Kommt mein Kind zu kurz? Wird es genug gefördert? Sehen seine Lehrer eigentlich, wie begabt es ist? Beides kann seine Berechtigung haben. Aber nicht unhinterfragt. Manche Eltern kreisen als Hubschrauber über ihren Sprösslingen. Sie haben nichts anderes im Sinn als den Wunsch nach der perfekten Kindheit für ihr Kind. Es soll den Kindern an nichts fehlen, sie sollen keinen Schaden erleiden und sie sollen die ›Spitzenkinder‹ werden. Das gelingt in der Regel nicht. Im Gegenteil: Es gibt Studien, die besagen, dass gerade die Kinder, die so derart gepuscht werden, am ehesten versagen. Weil sie keine Frustrationstoleranz haben, weil sie den Druck nicht aushalten, der auf ihnen lastet, weil sie keine Gelegenheit haben, sich altersgemäß zu entwickeln, Fähigkeiten zu erwerben, die man auch dringend braucht, um lebensfähig und glücklich zu werden: Soziale Kompetenz, Mitgefühl, Selbstwertgefühl. (Rheingold-Jugendstudie).

Wenn man sieht, wie behütet manche Kinder aufwachsen, wie ihre Eltern ihnen auf der kleinen Plastikrutsche den Sturzhelm anziehen, sie ins Popkonzert begleiten (das wäre früher undenkbar gewesen), sie von A nach B fahren, könnte man meinen: Heutige Eltern machen sich mehr Sorgen um ihre Kinder. Und manche probieren die Katastrophen, die ihnen widerfahren sind, vorwegzunehmen.

 »Ich weiß ja, was passieren kann. Ich mache mir mehr Sorgen. Meine Eltern waren naiv. Es fehlte ihnen die Fantasie«, sagt die 45-jährige Jessica, Mutter von drei Kindern, die selbst als Jugendliche dreimal wöchentlich nachts aus dem Fenster geklettert ist, um in die Disco zu fahren. »Das ist das Problem, das meine Kinder jetzt haben, dass ich mir sehr gut vorstellen kann, was man alles machen könnte, zum Beispiel könnten unsere Kinder relativ leicht raus nachts. Die müssten jetzt nicht übern Balkon, wie ich damals. Die müssten einfach nur den Rollladen ein Stückchen hochziehen, was wir wahrscheinlich auch nicht mitkriegen würden, und dann durchs offene Fenster unten raus. Dann wären sie im Garten und da hätte ich dann das Problem. Zum einen Nachbarn hin, da gibt's diese unheimlich spitzen gusseisernen Zäune, und auf der anderen Seite könnte man das Gartentor aufschließen und drüberklettern. Und da hab ich mir letztens überlegt: Wie mach ich das jetzt? Ich krieg's ja nicht mit, wenn die abhauen. Also erst mal hoffe ich, dass ich das alles so regle, dass sie das gar nicht müssen, weil sie mit mir zusammen abstimmen, wie lange sie wegkönnen. Aber ich kann mir vorstellen, dass das irgendwann demnächst kippt. Und ich möchte auf gar keinen Fall, dass irgendeiner über diesen gefährlichen Zaun klettert. Aber wie sagst du das? Du machst denen ja nicht den Vorschlag und sagst: ›Also wenn du mal vorhast, nachts abzuhauen, dann aber bitte lieber durchs Gartentor als beim Nachbarn übern Zaun.‹«

Und Susanne, Mutter einer 16-jährigen Tochter: »Wenn meine Tochter sagen würde, ›ich treff mich mit 'ner Freundin und ich bin um neun da‹, und dann aber erst am nächsten Abend um acht kommt, ich würde mich am nächsten Tag an den Strick hängen.«

Ich hätte viele schlaflose Nächte gehabt, wenn eines meiner Kinder so exzessiv mit Alkohol, Abhauen und älteren Freunden experimentiert hätte, wie ich es getan habe. Ich war innerlich vorbereitet, aber es passierte fast nichts von dem. Man könnte auch meinen: Eltern heute sind fürsorglicher. Das Ding ist: Heutige Eltern müssen sich an anderen Stellen Sorgen machen. Das Kind auf Schritt und Tritt begleiten, es aber unbegleitet im Internet surfen zu lassen, ist falsch verteilte Sorge.

Der Wunsch der Eltern, die Kinder zu kontrollieren, hat sich verstärkt in dem Maß, in dem die Eltern nicht mehr so präsent zu Hause sind und in dem Maß, in dem die Kinder ins Internet verschwinden. Man lebt nebeneinander, Zimmer an Zimmer, und weiß nicht, was der andere tut. Das macht Angst und das animiert manche Eltern zu flächendeckenden, verschärften Kontrollen. Manchmal sind diese Aktionen unhinterfragt und global, weil Eltern nicht wissen, wo sie es anpacken sollen. Eltern kontrollieren ihre Kinder im Internet durch spezielle Kontrollprogramme. Sie schicken ihnen 10 Nachrichten am Tag, rufen sie 20 Mal an, gucken, wann sie zuletzt Online waren, kontrollieren heimlich ihren Handyverlauf und bieten sich unter einem falschen Namen als Facebook-Freunde an. Elterliche Unsicherheit geht mit mangelndem Vertrauen und den Möglichkeiten der Kinder, in virtuellen Räumen zu verschwinden, einher. Was war zuerst? Schwer zu sagen, jedenfalls triggert das eine das andere. Begleitung statt Kontrolle wäre eine Alternative.

Tempo

Das Tempo ist ein anderes. Perlen auffädeln, melancholische Gedichte schreiben, 35 Minuten zu Fuß in die Stadt laufen für ein Eis gegen die Einsamkeit, das dauert lange, wenn man Frust hat und man muss dafür ziemliche Energie aufwenden.

Heute geht es schneller, wenn man seine miesen Gefühle, seine Ängste, seine Traurigkeit vertreiben möchte. Zumindest erst mal. Die Freunde im Internet sind mit ein paar Klicks zur Stelle. Die Fantasy-Rollenspiele, in denen ich der Held oder die Heldin sein kann, als starker Krieger Schlachten gewinnen und Siege erringen kann, mit deren Hilfe ich mich aus der miesen realen Welt wegträumen kann, sind näher. Misserfolge lassen sich in Sekunden wegklicken. Im Internet gibt es Trost und Ablenkung sofort, ohne dass man dafür etwas tun muss.

Die Briefe, die ich mir mit meiner Freundin Rona geschrieben habe, dauerten mindestens zwei Tage, bis sie ankamen, und meine Antwort wieder ebenso lange, wenn ich sofort zurückschrieb.

Das schnelle Tempo von heute hat Vor- und Nachteile, außer sofortigen Trost gibt es auch sofortigen Druck: Im Sekundentakt kommen die Nachrichten und werden Antworten erwartet, man muss erreichbar sein. Keine Zeit mehr zum Nachdenken, Warten, Schmachten, Träumen, Sichfreuen.

500 bis 1000 Nachrichten bekommen und schicken manche Jugendliche am Tag. 88 Mal im Schnitt schauen Jugendliche (und Erwachsene) am Tag auf ihr Handy. Das ist Dauerablenkung. Die Zeiträume, in denen man sich auf eine Sache konzentriert und konzentrieren kann, sind verdammt kurz.

Klar halten wir die technische Entwicklung nicht auf. Aber wie gehen wir bewusst damit um? Wie nutzen wir sie und lassen uns nicht von ihr dirigieren? Eine Idee: Wieder einzelne technische Geräte schenken, eine Kamera, ein normales Handy, einen Plattenspieler. Kein Smartphone für Grundschüler. Medienfasten auch für Eltern? Da wird's schon schwierig.

Stress

»Wenn ich keinen Stress habe, dann denke ich, ich bin langweilig«, sagte mir ein junges Mädchen. Viele andere empfinden es genauso. Stress gab es früher weniger. Schon weil man nicht ständig unter Beobachtung stand. Entspannen geht, wenn man nichts muss. Keine Nachricht schreiben, keine beantworten, keine Klausur bestehen. Keinen Schönheitswettbewerb und keine Machtprobe gewinnen. Seltene Zustände.

Ein Merkmal von Jugend war früher, dass man in den Tag hinein lebte. Es gab kein Morgen. Zukunft ist jetzt. Das gibt es heute auch, aber in anderer Weise. Einerseits muss alles sofort passieren: Sofortnachrichten, Sofortbestellungen, Sofortinformationen, Sofortnahrung. Über diverse Bestellhotlines im Internet können wir uns alles mit ein paar Klicks sofort beschaffen.

Aber das alles befriedigt nur kurzfristig. Wirkliche Befriedigung wird für später in Aussicht gestellt: In der Kindheit und Jugend geht es um Leistung für die Zukunft. In der Grundschule geht es um die Frage: Schafft mein Kind die Grundschulempfehlung, damit es auf das Gymnasium kommt, damit es später auf die Uni kommt, damit es noch später einen guten Beruf findet, damit es ihm schließlich finanziell gut geht? Schon für Kinder geht es um später. Das macht enormen Druck. Manche Kinder und Jugendliche passen sich diesem Leistungsdruck irgendwie an. Andere bekommen Burnout – eine Erwachsenenkrankheit, die Psychiater und Psychologen immer mehr bei Kindern und Jugendlichen wahrnehmen. Es geht um Kinder, die Angst haben, ihr Leben nicht zu schaffen.

Wie sinnvoll wäre es, die Lehrpläne der Schulen und die Studieninhalte der Universitäten zu überarbeiten mit der Frage: Sind die Anforderungen, die an Kinder und junge Erwachsene gestellt werden, angemessen? Sorgen sie dafür, dass die Kinder sich Wissen eintrichtern, das dann abgefragt und kurz darauf wieder vergessen wird, oder lernen sie selbstständig zu denken?!

Flexibilität oder Orientierungsschwund

In einem Interview mit einer Journalistin der Zeitung «die taz» hat der israelische Schriftsteller Amos Oz beschrieben, wie sich das Leben der Menschen binnen 100 Jahren in seinen Augen verändert hat:

»Bis vor 100 Jahren mehr oder weniger, ob in Deutschland, Ägypten oder China, wusste ein Mensch drei einfache Dinge: Er wusste, wo er leben würde, nämlich dort, wo er geboren wurde, oder in dem Dorf nebenan. Er wusste, was er tun würde, er würde das tun, was sein Vater oder seine Mutter getan haben, oder etwas sehr Ähnliches. Und er wusste, was passiert, wenn er stirbt: Dann kommt er in eine bessere Welt. Die jungen, modernen Menschen wissen nicht, wo sie leben werden. Wir wissen nicht, was wir tun werden, und wir wissen nicht, was mit uns passiert, wenn wir sterben. Das ist nicht einfach.« (»taz«, 3./4. Mai 2014) Viele Kinder und Jugendliche sind heute sehr flexibel. Sie können mit sehr komplexen Lebenssituationen umgehen, mit getrennt lebenden Eltern, verschiedenen Lebensmittelpunkten, Reisen um die halbe Welt. Andere können es nicht. Sie fühlen sich nirgendwo zugehörig, es gibt kein Zuhause, keinen sicheren Ort.

Paralleluniversen

Noch ein Paradoxon: Jugendliche sind so zufrieden mit ihrem Elternhaus und ihren Eltern und so einverstanden damit, wie die leben, dass viele in Umfragen bekennen, sie würden es genauso machen wie ihre Vorfahren. Genauso leben, genauso arbeiten, genauso ihre Kinder erziehen. Klingt nach wohlfälligem Einvernehmen. Vielleicht handelt es sich auch einfach um eine Stressvermeidungs-Strategie oder um ein Missverständnis: Wie weiß man eigentlich voneinander? In vielen Bereichen gibt es auf engstem Wohnraum unterschiedlichste Paralleluniversen. Viel arbeitende Eltern, wenig Kommunikation zwischen getrennt lebenden Eltern, digitale Welten, die unter anderem dafür sorgen, dass es manche früher zwangsläufigen Berührungspunkte nicht mehr gibt. Zum Beispiel den Streit um die freie Telefonleitung.

Heute stöhnen Eltern darüber, dass ihre Kinder im Internet verschwinden, dass sie nichts mehr mitbekommen, dass sie die Freunde ihrer Kinder nicht kennen. Früher fragten Eltern ihre dauertelefonierenden Kinder, meist Töchter: »Kann ich auch noch mal telefonieren?« Bei Freunden, Verwandten, Nachbarn, Arbeitgebern haben sie sich beschwert: »Meine Tochter blockiert stundenlang das Telefon.« Manchmal war das auch eine gute Entschuldigung dafür, dass sie selbst nicht erreichbar waren. Mein Vater hat sich eine Zeit lang mit einem leicht genervten Unterton am Telefon gemeldet: »Sekretariat Elisabeth Raffauf.« Wenn er gewusst hätte, wie glücklich er sich schätzen konnte, dass er mitbekam, mit wem ich telefonierte und mich verabredete! Auch wenn er manche Namen nicht kannte, er hätte eine Spur gehabt, wenn er eine gebraucht hätte. Heute verzehren sich Eltern nach solchen Informationen und Kinder hüten die Geheimnisse um ihren Freundeskreis wie einen Schatz. Kontakt mit Freunden geht über andere Kanäle: Whatsapp, Telegram, Facebook oder ein Anruf vom eigenen Handy zum Handy der anderen. Eltern außen vor. Gemeinsames Festnetz – Ade.

Heutige Eltern wollen es besser machen als ihre Eltern früher

»Mütter und Väter wollen besser sein als vorherige Generationen – Stress ist die Folge«, haben Forscher des Meinungsforschungsinstituts »forsa« im Auftrag der Zeitschrift »Eltern« herausgefunden. Stress sei die Folge? Hallo? Was ist das denn für ein Wettbewerb? Der Optimierungswahnsinn ist in der Erziehung angekommen. Klar ist, wer die Konsequenzen derart gestresster Eltern tragen muss. Woran misst man eigentlich gute Eltern? An den erfolgreichen Kindern womöglich. Und was machen Eltern, die erfolgreiche Kinder wollen? Sie stressen. Erliegen dem Förderwahn, probieren krampfhaft, sich pädagogisch korrekt zu verhalten. »1000 legale Steuertricks« durch die Bauchdecke vorgelesen, Chinesisch im Kindergarten, Mama-Taxi zwischen Geigenunterricht, Ballett und Kindergeburtstag, Klassen überspringen in der Grundschule. Klare Ziele, wie die Kinder sein sollen: schön, sportlich, intelligent, durchsetzungsstark, gleichzeitig pflegeleicht, lernwillig und weltgewandt. Und wie die Kinder nicht sein sollen: nicht so lahm, nicht so einsilbig, nicht so unsportlich, nicht so vorlaut, nicht so launisch, nicht so zeitintensiv.

In die Beratungsstelle kommen manchmal Kinder, die das Gefühl haben: »Ich bin nicht richtig.« Eigentlich sollte ich anders sein.

Meine Eltern wollen, dass ich sportlicher, fleißiger, musikalischer, nicht so schüchtern oder nicht so laut, attraktiver oder angepasster bin. So bin ich aber nicht. Kindern, die das Gefühl haben, falsch zu sein, geht es schlecht. Sie zweifeln an sich und daran, dass sie irgendwie etwas erreichen oder bewirken können. Wie eingebaut ist der Satz: »So wie du bist, ist es falsch.«

»Der Mensch wird als Original geboren und endet als Kopie«, zitiert der Psychoanalytiker Arno Gruen den englischen Dichter Edward Young. Und er ergänzt: »Wir fangen an, uns anzupassen und verlieren dann den Zugang zu uns selber. Das ist nicht bei allen so, aber bei vielen.« (SRF: »Sternstunde Philosophie«, 7.6.2015)

Es ist normal, dass Kinder anders sind, anders als ihre Eltern sich das vorstellen. Dann sind sie gesund. Sie müssen anders sein. Sie sind nicht dazu da, eine Kopie ihrer Eltern zu werden und auch nicht dazu da, die ungelebten Wünsche ihrer Eltern zu erfüllen. Auch wenn es dafür prominente Beispiele gibt. Boris Becker oder Steffi Graf, Michael Jackson oder Amy Winehouse, die von ihren eigenen Eltern gepuscht oder trainiert wurden. Mit drei auf den Laufsteg, auf den Fußballplatz, vor die Kamera. Sie bezahlen auch einen Preis dafür. Frühe Alkohol- und Drogenprobleme, fehlende Fähigkeit soziale Bindungen einzugehen, als Witzfigur in der Öffentlichkeit zu stehen oder, und das ist häufig die noch beste Wendung für das eigene Seelenheil: den Kontakt zu ihren Eltern in späterer Zeit komplett abzubrechen, um endlich unabhängig zu werden und ein eigenes Leben führen zu können.

25. »Glaubt an mich!«

Die drei grünen Vs: Verstehen, Vorbild, Vertrauen

Die drei roten Vs stehen für Verhalten, das garantiert den Kontakt zu den Jugendlichen beendet. Damit man es sich besser merken kann, fangen die Verhaltensweisen, die für guten Kontakt sorgen, ebenfalls mit V an.

Die drei grünen Vs sind in den vorangegangenen Kapiteln immer wieder vorgekommen. Sie sind bei allen Themen hilfreich und einsetzbar. Und sie sind mit drei Fragen zu überprüfen:
- Verstehen: Wie würde es mir gehen, wenn ich mein Kind wäre?
- Vertrauen: Wie kann ich Vertrauen schenken?
- Vorbild: Was leben wir vor?

© Anna Egger
www.anna-egger.com

Verstehen

Was geht in den Jugendlichen vor? Warum verhalten sie sich so, wie sie sich verhalten? Warum ärgern sie mich? Warum schwänzen sie die Schule? Warum drangsalieren sie die kleine Schwester? Es gibt Gründe. Und die erfahren wir manchmal, indem wir fragen. Und zwar nicht im Sinne eines Verhörs, sondern aus echtem Interesse, ohne ihnen ihre Antwort hinterher wieder aufs Butterbrot zu schmieren. Manchmal, indem wir Geduld haben und zuhören, wenn sie von selbst das Gespräch suchen.

Der Sinn ist ganz einfach. Wenn wir verstehen, können wir besser einordnen, aus welchem Grund unsere Kinder schlecht drauf sind, nicht aus dem Bett kommen, die Schule schwänzen. Wir werden feststellen, dass es ihnen nicht primär darum geht, uns zu ärgern, sondern dass sie sich vielleicht ungerecht behandelt fühlen oder dass sie selbst nicht wissen, welche Laus ihnen über die Leber gelaufen ist. Wenn wir das einordnen können, müssen wir uns nicht persönlich gekränkt fühlen und nicht in die Luft gehen, sondern können gelassener reagieren. Das ist nicht zu verwechseln mit einer »Egal-Haltung«. Wenn mich mein Kind beschimpft, muss ich das stoppen, aber ich kann es mit einer anderen Haltung tun, wenn ich nicht so aufgeregt dabei bin. Wenn ich verstehe, warum mein Kind nicht in die Schule geht, kann ich mit ihm besprechen, was zu tun ist, und meine Unterstützung anbieten. Alles werden wir als Eltern nicht verstehen, dafür sind wir Eltern, aber unsere Haltung kann immer lauten: »Wir interessieren uns für dich.« Das schimmert durch und kommt an. Darauf können wir uns verlassen.

Vertrauen

Wie können wir Vertrauen herstellen? Vertrauen geht über echtes Interesse und über Kontakt. Wenn wir wirklich wissen wollen: Wie geht es dir? Was beschäftigt dich? Als Haltung, anstatt als Forderung oder Vorwurf, wie »du störst, du musst gut sein usw.«

Interessieren wir uns für das, was die Kinder beschäftigt oder wollen wir kontrollieren? Auch wenn es uns selbst nicht so ganz klar ist, die Kinder spüren es sofort. Am Tonfall. Die Fragen: Was machst du gerade? Was beschäftigt dich? Was hast du heute in der Schule in der Pause gemacht?, können je nach Tonfall ganz unterschiedlich ankommen. Und die Kinder merken, wenn wir uns wirklich interessieren und nicht in unserem Hinterkopf die eigentliche Frage blinkt:»Was hast du in Mathe?« Die Kinder sehen den Blinker.

Vertrauen gibt Selbstvertrauen: Wir glauben an dich

»Als ich mit 17 ausgezogen war, war die Distanz zu den Eltern gar nicht schlecht, und ich glaube, das haben meine Eltern vielleicht auch gut erkannt ... Sie wussten, ich komm nicht unter die Räder. Wahrscheinlich haben sie gedacht: ›Wenn's zu arg wird, kommt sie wieder...‹ Aber klar, das sehe ich auch jetzt: Das Einzige, was du hast, ist Vertrauen, und dass du deine Kinder so weit erzogen hast, dass sie in bestimmten Punkten stark sind. Weil du bist ja nicht überall dabei. Wenn denen Drogen angeboten werden, dann kannst du einfach nur hoffen, dass sie das durchstehen.« (Tanja, zwei Kinder)

Das hier soll kein Glaubensbekenntnis sein. Eher ein Plädoyer für ein tiefes, selbstverständliches Vertrauen in unsere Kinder. Vertrauen darin, dass sie ihren Weg machen werden, auch wenn sie dabei ein paar Schleifen drehen und nicht direkt auf einen Beruf zusteuern. Wenn wir dieses Vertrauen in unsere Kinder nicht haben, hat das oft weniger mit unseren Kindern zu tun als mit uns selbst. Unsere eigenen Ängste, nicht zu genügen, zu scheitern, vielleicht unsere Erfahrungen, versagt zu haben, Misserfolge, die wir selbst erlebt haben, wollen wir unseren Kindern ersparen, und gleichzeitig sollen unsere Kinder vielleicht unsere eigenen Wunden heilen. Sie sollen nicht dieselben Fehler machen wie wir. Sie sollen es einmal besser haben und gleichzeitig stellvertretend zeigen, dass wir es doch drauf haben.

Dass Eltern ihre Kinder so nehmen, wie sie sind, dass sie an sie glauben, das ist das Basislager, ohne das sich kein Gipfel besteigen lässt. Eltern haben Ängste, dass ihre Kinder Drogen nehmen, dem Alkohol verfallen, zu frühen Sex haben und von falschen Freunden auf falsche Fährten geleitet werden. Damit haben sie mehr oder weniger recht. Theoretisch können all diese Dinge passieren. Und da müssen sie mehr oder weniger durch. Aber all das muss nicht dazu führen, dass sie daran zweifeln, dass ihre Kinder sie lieben, dass sie sie brauchen und dass sie später ihren Weg gehen werden. Diese Ängste dürfen in keinem Fall dazu führen, dass sie selbst Zweifel an ihrer Liebe zu ihren Kindern entstehen lassen. Darum sollten die Kinder nie Angst haben müssen. Das sichere Gefühl, geliebt zu werden, etwas wert zu sein, gibt Selbstvertrauen.

Vorbild

Kinder machen nach, was Eltern ihnen vormachen. Unbewusst. Eltern machen manchmal vor, was sie von den Kindern ganz anders fordern. Auch unbewusst. Aber es gibt das Bewusstsein. Wie verhalten wir uns? Das können wir uns und auch unsere Mitmenschen kritisch fragen. Wir werden Antworten kriegen. Und wir können sicher sein, dass unser Verhalten eine Wirkung hat. Manchmal nicht sofort. Manchmal erst später oder woanders. »Andere Leute sagen mir immer, wie nett und zuvorkommend unsere Tochter ist«, entdecken Eltern. »Warum ist sie zu Hause nicht so?« Erst mal: Wenn sie woanders nett und zuvorkommend ist, dann hat sie das in der Regel von zu Hause. Sie hat es sich abgeguckt. Wenn sie zu Hause anders ist, dann möchte sie vielleicht provozieren oder auf ein Problem aufmerksam machen oder mal testen, wie die Eltern reagieren. Dann ist Reaktion angesagt, möglichst respektvoll und bestimmt. Auch das gucken sich Kinder ab. Sie gucken auch, wie die Eltern miteinander umgehen und ziehen daraus Schlüsse. Wenn der Vater respektvoll mit seiner Frau umgeht, so transportiert er gleichzeitig die Nachricht: »Frauen sind es wert, dass man ihnen mit Respekt begegnet.« Und umgekehrt: Sie gucken sich ab, wie die Mutter mit dem Vater umgeht. Sie saugen es auf – ohne Worte – und es wirkt.

186

Was ich von meinen Eltern gelernt habe

Bloß keine anderen Eltern

Welche Chancen sind an mir vorübergegangen, als es damals um die Verteilung der Elternhäuser ging? Wenn ich zum Beispiel in die Familie von Onkel Fritz und Tante Josi hineingeboren worden wäre, hätte ich vielleicht das unfassbare musikalische Talent der beiden geerbt und hätte immer einen »roten Faden« in meinem Leben, denn das war die Musik für Onkel Fritz, wie er einmal erzählt hat. Es hätte morgens 3 cm dick Pasta Choca auf dem frischen Brötchen gegeben und bei Liebeskummer Sherry. Vielleicht hätte ich in der Familie meiner Freundin Anne die künstlerische Ader geerbt und könnte heute mindestens so tolle Bilder herstellen wie sie. Ihre lockeren, künstlerisch interessierten Eltern hätten mich verstanden und gefördert. Möglich.

Und trotzdem: Nicht erst seit heute wäre es mir unvorstellbar, andere Eltern gehabt zu haben. Vielleicht hätte meine andere Familie mir mehr Freiheiten gegeben und ich wäre irgendwann dahintergekommen, dass sie das nicht aus Großzügigkeit, sondern aus Gleichgültigkeit taten, dass es ihnen egal war, ob ich nachts noch alleine auf der Straße herumgeisterte und mir vor Angst in die Hose machte. Vielleicht wären sie auch superstreng gewesen, hätten mich vor allem bewahren wollen und meine Reise nach London hätte nie stattfinden dürfen. Wahrscheinlich hätte ich sogar all die Schrulligkeiten und Eigenheiten vermisst, die es bei uns gab. Vielleicht sogar die Messerbänkchen, die meine Mutter früher nur sonntags und später zu jeder Abendmahlzeit aufdeckte und über die mein Freund sich nach seinem ersten Besuch bei uns total lustig gemacht hat. Wahrscheinlich hätte ich vieles nicht gelernt, was meine Eltern mir vermittelt haben, bewusst oder unbewusst, einfach nur so, weil sie sind, wie sie sind und waren.

Meine Mutter mit ihrem Langmut, ihrer Ruhe und Sicherheit, dass schwierige Situationen zu meistern sind, unaufgeregt, mit Geduld, mit Nachdenken, mit Selbstbewusstsein. Ihr Witz, ihr Humor und ihre überraschenden Möglichkeiten, eine Sache zu wenden. Vom scheinbar Negativen ins Positive.

Zwischendurch-Weisheiten

Am Ende bleibt doch was hängen. Etwas, was die Eltern gesagt haben, das man von ihnen gelernt hat, was einen im weiteren Leben begleitet. Wenn man jugendlich ist und gerade gegen die Eltern rebelliert, fällt es einem nur nicht unbedingt auf. Es gibt ein paar »Zwischendurch-Weisheiten«, die bei mir hängen geblieben sind:

»Geld macht sicher, aber nicht glücklich«, hat mein Vater zu mir gesagt, als er einmal sehr unglücklich war über eine Auseinandersetzung, die er gehabt hatte.

Ein anderer Satz hat mir ebenfalls geholfen, diesmal in Bezug auf Menschenkenntnis: »Es gibt überall doofe und nette Leute, egal ob arm oder reich, mit Titeln oder ohne, man muss schon selber genau hingucken.«

Die Antwort auf die Frage an meine fast 90-jährigen Eltern, ob sie gern in der ersten Klasse eine Zugreise antreten möchten: »Nein. Warum? Wir sind doch ganz normale Leute«, ist mir hängen geblieben.

Eine große Bereitschaft meines Vaters, sich zu streiten und sich Konflikten zu stellen, hat mir gezeigt: »Man kann sich streiten und wieder vertragen.« Ich habe mich mit meinem Vater sehr viel gestritten in der Pubertät. Viel und heftig. Es ging um kleine Alltagsdinge, darum, was mir nicht an ihm gefiel und ihm nicht an mir. Es ging um meinen Umgang, um meinen Ungehorsam, um meine Kritik an meinen Eltern, aber auch um große weltanschauliche Dinge, wie man leben sollte und wie man auf keinen Fall sein Dasein fristen sollte. Meiner Meinung nach auf keinen Fall so wie meine »spießigen« Eltern. Wir stritten uns um alles, vor allem um Lebensformen, Lebenseinstellungen, darüber, was »man« zu tun und zu lassen hatte. »Man« ging mir grundsätzlich am »A...« vorbei. Wir stritten häufig und heftig und mein Vater sparte nicht mit Äußerungen darüber, dass er in vielen Dingen, zum Beispiel darüber, wie er sich vorstellte, wie mein Freund aussehen sollte, eine andere Auffassung hatte als ich: Jedenfalls sollte er keine langen und schon gar keine fettigen Haare haben und auch nicht so eine vernuschelte Sprache und so einen laschen Händedruck. Erbittert schrien wir uns an und das war hart. Das Gute war die Sicherheit, die ich erfahren hatte: Man kann sich auch wieder vertragen. Mein

Vater konnte Streit nicht lange aushalten und so trafen wir uns oft schon eine halbe Stunde nachdem wir wie die erbittertsten Feinde voreinander gestanden, uns Sachen an den Kopf geknallt hatten und keinen Millimeter zurückgewichen waren, in der Küche und umarmten uns und redeten wieder ruhig miteinander und die Sache war erledigt. Wenn eine Sache vorbei war, war sie vorbei.

26. Und heute?

Was würden Eltern heute anders machen als ihre
Eltern – oder genauso

Die bescheuertsten Eltern der Welt wandeln sich im Laufe der Zeit.
Nicht wenige Eltern heute sagen: Ich mache vieles genauso. Unhin-
terfragt oder wohl reflektiert. Ich fand vor allem die Regel mit den
Noten gut. »Bei einer Fünf gibt's ein Eis, bei einer Sechs gehen wir
Kaffee trinken und Kuchen essen«. Die habe ich gerne übernom-
men.

»Ich bin genauso inkonsequent wie meine Mutter. Ich drohe
immer nur an … Also wenn meine Kinder mich im Haushalt
oder so geärgert haben, dann denk ich einfach: ›Hier, jetzt
wäscht du deine Wäsche selber. Wenn du mir erzählst, dass
du etwas donnerstags in die Wäsche getan hast und dich
beklagst, dass es sonntags noch nicht da ist, das geht nicht.
Ich zeig dir mal die Waschmaschine.‹ Machen die jetzt auch.
Find ich auch nicht schlecht. Ich versuch das schon in der
Logik zu Ende zu denken: Dass sie genau bei den Punkten
mit anpacken müssen, worüber sie sich beschweren oder
mich ärgern. Manchmal sag ich auch einfach: ›Dann nehm
ich die PS4 weg.‹ Oder wenn das Handy abends nicht an
der Ladestation ist, sondern bei den Kindern im Bett liegt,
dann ist das eben für den nächsten Tag weg. Hausarrest
mach ich nicht mehr. Wenn es hart auf hart kommt, würde
ich sagen: ›Du darfst heute Abend nicht weggehen.‹« (Tanja,
44, Mutter von zwei Kindern)

»Wenn meine Kinder die Tasche packen und abhauen würden, wie ich das getan habe, ich würde mir große Sorgen
machen und gucken, dass sie wieder zurückkommen. Ich
würde versuchen, das zu heilen, das Thema. Mit Angebo-

ten, mit denen ein Zusammenleben vielleicht doch wieder möglich ist.« (Jessica, 45, drei Kinder)

»Wenn ich selber an meine Pubertät denke und dann die Kinder sehe, mache ich drei Kreuze. Ich finde meine Tochter teilweise schon echt schlimm, aber die ist Lichtjahre von mir entfernt und das finde ich auch eigentlich gut … Ich bin strenger bei vielen Sachen, ich bin konsequenter bei Bestrafungen, weil ich finde ja schon, wenn gewisse Absprachen nicht eingehalten werden, dann muss das eben in gewisser Weise geahndet werden … Diese Laissez-faire-Nummer meiner Eltern hat nichts gebracht. Na ja, es war teilweise laissez-faire, teilweise aber auch Desinteresse, teilweise Überforderung oder Nachlässigkeit aufgrund der Überforderung. Ich versuch halt immer, egal was ist, in irgendeiner Art und Weise mit meinen Kindern in Kontakt zu bleiben. Dass wir halt drüber reden können, dass wir uns auch mal ankacken können, aber am Ende des Tages immer wissen, dass wir uns lieb haben.« (Theresa, 42, eine Tochter)

»Ich glaub, ich mach schon viel wie mein Vater. Ich bin ein bisschen weniger emotional als er. Das heißt, auch wenn ich mich aufrege, schrei ich nicht. Ansonsten: Was mich geprägt hat, versuch ich meinen Kindern einzuprägen. Es ist gut, dass man seine Entscheidungen trifft, man muss aber auch über die Konsequenzen denken… Das Einzige, was ich anders mache: Das Themenfeld, das ansprechbar oder familienfähig ist, ist größer geworden. Wahrscheinlich lasse ich mich auf schwierige Fragen ein bisschen mehr ein als meine Eltern, weil ich vielleicht auch ein bisschen mehr Zeit habe.« (Alain, 46, Vater von zwei Kindern)

»Ich fand das mit diesem Vertrauen ziemlich gut. Ich glaube, das würde ich gerne versuchen weiterzugeben an die Kinder, ihnen auch zu sagen: ›Ich glaub, ihr kriegt das alles gut hin so. Ich glaub, ihr könntet abends auf eine Party gehen und ich find euch nicht drei Tage später auf der Intensiv-

station‹. Ich hab natürlich an mich den Anspruch: Ich möchte mehr Ansprechpartner sein. Aber, ich finde es bei meiner Tochter auch toll, dass sie zum Beispiel beim Thema Liebe ihre Privatsphäre aufbaut, wenn ihre Zimmertür geschlossen ist, freu ich mich, ich finde das gut. Weil ich denke, jetzt ist sie in ihrem eigenen Bereich. Das entlastet mich auch ein bisschen. Ich find es gut, wenn sie für sich ist, weil ich denke, dann bin ich auch nicht mehr so zuständig. Also ich denke, die entwickelt sich zu einem autonomen Menschen hin.«
(Matthias, 49, 16-jährige Tochter, 12-jähriger Sohn)

Danke

Allen Jugendlichen und Eltern für ihre Geschichten,
meinen Eltern für ihr Dranbleiben und ihr Vertrauen,
meinen Freundinnen und Freunden für ihre Freundschaft, damals und heute,
meinen Kindern für ihr Anderssein,
Heiner fürs Abhauen und Wiederkommen,
Heike Hermann und ihren Kolleginnen und Kollegen vom Patmos Verlag für den Mut, ein etwas »anderes« Buch zum Thema »Pubertät« zu machen.